El zen y el arte del capitalismo funk

El zen y el arte del capitalismo funk

Una teoría general de la falibilidad

Karun Philip

ÍNDICE

PREFACIO

«Funk es la cara inferior de cualquier cosa, de todas las cosas», explica Patricia Smith, una renombrada poetisa *slam* de Boston. En este libro explico lo que he aprendido o, al menos, lo que creo que he aprendido siendo un emprendedor durante los últimos ocho años. Como académico de formación, pasé mis años de emprendedor comparando constantemente las teorías de la economía con la auténtica realidad de la experiencia. Lo que descubrí sólo podría denominarse «Capitalismo funk», aplicando el espíritu de la anterior definición de Patricia Smith. Siguiendo la tradición del libro de Robert Pirsig «El zen y el arte del mantenimiento de la motocicleta», trato de desmitificar los «problemas filosóficos del conocimiento», a la vez que hablo de asuntos prácticos del emprendimiento y la economía, con la intención de ofrecer un modelo para el desarrollo económico.

Después del fracaso probado del socialismo, la última década se ha empleado intentando implementar el capitalismo mediante la planificación centralizada en los países que acometen reformas. Pero tanto el fracaso espectacular de estos intentos en Rusia como las complicadas tentativas de otros países sugieren que los economistas del mercado libre realmente no saben cómo o por qué funciona el capitalismo en sus países, o al menos no lo suficientemente bien como para recrear el éxito en otros lugares.

Creo que la respuesta yace en el trabajo del economista austriaco y premio Nobel Friedrich August Hayek (1899-1992), prácticamente marginado por la comunidad económica del siglo en el que le tocó vivir. Como economista,

Hayek es rechazado por la izquierda por propugnar el *laissez-faire*, por la derecha por ser «demasiado liberal», y se queda por lo tanto sin nadie a quien representar. El hecho real es que su trabajo muestra cómo las preocupaciones de la izquierda pueden abordarse a la vez que se conserva la eficiencia que puede proporcionar el libre mercado: Hayek fue el izquierdista del libre mercado por antonomasia, si es que se puede crear un término así. En este conjunto de ensayos intento reformular las ideas de Hayek dentro de un marco lógico compacto y coherente. Después utilizo ese mismo marco conceptual para analizar temas de importancia contemporánea en la economía del desarrollo, con el fin de llegar a una solución potencial para el problema más grande de los economistas: la pobreza.

La discusión aborda la educación, la empresa, la banca, la propiedad intelectual y la legislación. En concreto, introduzco un análisis moderno de la «nueva economía» para la tarea del emprendimiento en un mundo globalizado y automatizado, y cómo aplicarlo a las economías en desarrollo. Abordo muchas cuestiones seminales del emprendimiento, en el cual descubrí que la realidad no coincidía con lo que se enseña normalmente en áreas como el marketing, el *branding*, la financiación y la gestión empresarial. Por lo tanto, el objetivo completo de esta obra es proponer un sistema que casi pueda garantizar el crecimiento y el desarrollo económico en las regiones subdesarrolladas del mundo.

Las tesis se formulan sobre la asunción de la falibilidad del conocimiento, que se ve que subyace en toda la obra de Hayek. Para ser formalmente completo, comienzo con un capítulo dedicado a la epistemología y discuto en él los problemas filosóficos que entraña esta teoría del conocimiento. Aquellos no interesados en la filosofía pueden omitir sin problemas ese capítulo, siempre y cuando estén dispuestos a aceptar la suposición bastante obvia de que nuestro conocimiento es falible, esto es, que nos podemos equivocar.

Algunas de las primeras críticas de este libro han mostrado escepticismo por el énfasis puesto en la importancia de la falibilidad, ya que parece que estoy diciéndole al lector que no hay nada en lo que creer. Pero, en realidad, lo opuesto es verdad. En el libro argumento por qué creo en los datos, en la evidencia, en la presunción de inocencia en un juicio, en las garantías procesales, en la democracia y en la libertad individual, y por qué creo que está mal que algunas personas coaccionen a otras, y creo en el poder de la banca y el capital, usados sin ejercer coerción o favor, para eliminar la pobreza totalmente y para siempre. Las siguientes páginas describen por qué creo que todas estas creencias se derivan de la suposición de la falibilidad del conocimiento.

EPISTEMOLOGÍA

Este libro tiene la pretensión de formular ciertas teorías que parecen explicar más de lo que explican las teorías más imperantes; en otras palabras, pretende contar la historia de lo que es cierto en el universo en el que vivimos. Si vamos a contar la historia de qué es verdad, entonces debemos empezar con una investigación sobre qué constituye un conocimiento válido y qué no. De hecho, ¿qué queremos decir con la palabra «conocimiento»? El campo de la ciencia que se ocupa de esta pregunta se denomina epistemología, y con ella debemos empezar.

El papel del lenguaje

Dado que el conocimiento que pretendo expresar en este libro se expresa con el lenguaje, esto es, con palabras, primero debemos entender la relación entre las palabras, nuestras mentes y el universo material. Si escuchamos a los biólogos, nuestros cerebros están formados por neuronas interconectadas de formas complejas que aún no comprendemos totalmente. Pero incluso la simulación artificial más simple de las interacciones neuronales muestra la capacidad de las redes neuronales para clasificar percepciones. Parece congruente con nuestra experiencia psicológica comprobar que nuestras mentes realizan esta tarea. Percibimos el universo externo, y toda nuestra percepción es esencialmente la percepción de la diferencia. El azul es diferente del rojo. El agua es diferente de la arena. Los perros son diferentes de los gatos. Gracias a la diferencia percibida, ideamos distintas palabras para abordar y comunicar esa diferencia. Por lo tanto, el acto de la percepción de la diferencia produce naturalmente el desarrollo de las palabras y del lenguaje.

Claro que, con cada percepción de la diferencia, hay una colectivización implícita de la similitud. Al percibir a los perros y gatos como diferentes, estamos percibiendo efectivamente a todos los gatos como similares los unos a los otros. Obviamente, es importante señalar que la similitud no implica igualdad exacta. De hecho, dentro de cualquier categoría colectivizada podemos encontrar ulteriores diferenciaciones. El universo material parece infinitamente diferenciado e, incluso después de profundizar hasta niveles subatómicos, somos incapaces de encontrar alguna entidad que no pueda ser todavía más divisible o diferenciada.

Silogismo de Aristóteles

Gran parte de la epistemología funciona separando el mundo de los objetos materiales del mundo de las palabras. Cuando tomamos palabras que se crearon inicialmente para expresar las diferencias percibidas y las despojamos de su contenido, podemos construir frases generales que se podrían aplicar a diferentes objetos reales o situaciones. Por ejemplo, podemos percibir que los pájaros vuelan, y también que las hojas vuelan en el viento. De ello podemos abstraer que las cosas vuelan en determinadas circunstancias, y tal vez desarrollar teorías sobre el aire y el viento. Aristóteles fue un gran pensador que logró desarrollar la teoría de la lógica explicando este proceso de abstracción. Su obra produjo la herramienta básica de la epistemología: el silogismo. En esencia, un silogismo afirma que, si tenemos una proposición que dice: «Si A, entonces B», y otra que dice: «SI B, entonces C», entonces podemos construir una tercera proposición: «Si A, entonces

C», que debe ser cierta si las dos primeras premisas son ciertas. Sin embargo, cuando aplicamos esta teoría a los objetos y acontecimientos reales, debemos añadir una advertencia. Por ejemplo, podemos afirmar: «Suponiendo que no existen hechos imprevisibles, si el fuego causa humo, y si el humo causa contaminación, entonces el fuego causa contaminación». Pero nunca podemos dejar fuera el «suponiendo que no existen hechos imprevisibles», porque la certeza de la conclusión depende de suponer que las afirmaciones subyacentes son verdaderas. Esta cláusula a veces se denomina *ceteris paribus*, locución latina que significa «permaneciendo el resto constante».

Epistemología frente a ontología

Por supuesto, parece ridículo afirmar que la ley del silogismo existe de forma independiente del mundo material. Es una frase que se construye y reside en nuestros cerebros y nuestras neuronas, todas las cuales son parte del universo material. No obstante, hay una diferencia perceptible entre el mundo de los pensamientos y el mundo de las cosas materiales excluyendo los pensamientos, por lo que no es descabellado asignar palabras diferentes para los dos reinos. Un mundo, comúnmente denominado «el mundo real», consiste en palabras asignadas a los objetos materiales que percibimos, excluyendo las palabras mismas (a las que podríamos denominar palabras de primer orden). El otro mundo, «el universo mental», consiste en las palabras de primer orden, así como palabras asignadas a diferentes aspectos de las propias palabras, o «palabras de orden superior». Ambos mundos están representados en nuestros cerebros por construcciones mentales, pero nos referimos al primero como el mundo real y al segundo como el mundo mental. El estudio de este «mundo real» se conoce como ontología, y el estudio del «mundo mental» se denomina epistemología.

Cambios de paradigma y falibilidad

Volviendo al silogismo, muchos aristotélicos afirman que el uso del método del silogismo proporciona «certeza apodíctica» o certeza demostrable de que determinado conocimiento es verdadero, aunque aún no se haya percibido. Por ejemplo, un aristotélico podría afirmar que las leyes de la gravedad de Newton son y siempre serán verdaderas porque siguen el método científico formal de la teoría del silogismo. Es históricamente cierto que, después de que se descubrieran las leyes de Newton, hemos sido capaces de predecir mucho más del universo material que anteriormente. Pero Einstein demostró que las leyes se derrumban cuando nos aproximamos a velocidades cercanas a la velocidad de la luz. ¿Qué sucede entonces con la certeza apodíctica? Bien, si regresamos a Aristóteles, podemos ver claramente que depende de la cláusula *ceteris paribus*. Si hay un axioma que hemos dado por supuesto implícitamente, y después aplicamos la teoría en un lugar donde ese axioma no es cierto, entonces nuestra todopoderosa «ley» puede quedar invalidada. Por lo tanto, el conocimiento adquirido a través del silogismo no es infalible cuando se aplica a situaciones reales. Este hecho está cada vez más ampliamente aceptado desde el trabajo de Thomas Kuhn, que demostró que dichos cambios de paradigma suceden periódicamente en la ciencia, derribándose con frecuencia viejos puntos de vista cuando se desenmascara una importante suposición implícita. La clave para comprenderlo es darse cuenta de que estas leyes son meras proposiciones que construimos mentalmente usando el lenguaje. Las proposiciones buscan explicar los fenómenos que percibimos, pero siempre se tratará de afirmaciones falibles, al menos porque son necesariamente incompletas. Decir que la ley de la gravedad es falible no significa que no ocurra el fenómeno percibido que actualmente se piensa que es debido a la gravedad. Es simplemente que alguna teoría futura, como la mecánica cuántica, podría explicar ese fenómeno mucho mejor y de un modo mucho más completo, y tal vez abandonemos totalmente la forma en que pensamos en la gravedad actualmente. En lugar de creer que el universo material se rige por ciertas leyes, deberíamos creer que el universo material se comporta de formas que se aproximan bastante a dichas leyes (afirmaciones) que inventamos. La ciencia es la empresa de buscar constantemente aproximaciones mejores a la forma en que se comporta el universo.

Gödel: demostración de la falibilidad

La falibilidad del conocimiento no habría sido un concepto tan importante si no fuera por el trabajo de Kurt Gödel, especialmente de la forma en que lo explicó J. R. Lucas. Gödel demostró que, independientemente del conjunto de axiomas elegidos, incluso en un universo matemático completamente imaginario, siempre se podría construir una frase que no se pudiera demostrar que fuera ni verdadera ni falsa. Esto implica que ningún conjunto de axiomas puede ser completo, *¡ni siquiera en un mundo imaginario donde la «inconveniencia» de la realidad material quede excluida!* Si se garantiza que todos los conjuntos de axiomas son incompletos, entonces podemos demostrar que todas las teorías (esto es, todas las aplicaciones de silogismos), son falibles. Así que la prueba de incompletitud de Gödel es equivalente a una prueba de la falibilidad necesaria del conocimiento, como señala Lucas.

Las implicaciones derivadas de lo anterior son revolucionarias, como comprendió Lucas. Por supuesto que todos sabemos por nuestra experiencia diaria que nuestro conocimiento es falible. Tenemos ciertas expectativas que a veces no se cumplen. Intentamos hacer planes para corregir nuestras expectativas falibles, pero no somos capaces nunca de alcanzar resultados perfectos. La mayoría de las veces suponemos que el error fue nuestro y pudo haberse prevenido si hubiéramos tenido un poco más de conocimiento. ¡Sin embargo, las investigaciones epistemológicas que terminan con Gödel nos dicen que lo cierto es que TODO nuestro conocimiento es inevitablemente falible! De hecho, según Ludwig Wittgenstein, ni siquiera podemos aseverar que el universo material sea real o que lo que percibimos en la habitación esté realmente allí. ¡En una reunión, Bertrand Russell fue incapaz de convencer a Wittgenstein de que podían tener *la certeza* de que no había rinocerontes en la habitación con ellos!

Ramanuja: manejo de la falibilidad

Un filósofo indio del siglo XI llamado Ramanuja ofrece una de las formas más elegantes de extricarnos de este lío de la falibilidad probable. La filosofía antigua india, redescubierta alrededor del año 800 d. C. por el filósofo Sankara y denominada filosofía *advaita* o «no dualista», siempre ha mantenido que todo el conocimiento es falible. Pero normalmente se ha hecho la interpretación de que el universo material no es necesariamente real, lo que da como resultado una hermosa pero a veces incomprensible diversidad de vida espiritual en India. Si bien es históricamente cierto que esta visión de la vida brinda una gran diversidad cultural y conduce a la coexistencia pacífica, también deja a las mentes modernas influidas por la ciencia en cierto modo insatisfechas. Sin embargo, la respuesta elegante no la encontraremos en la filosofía occidental, sino en la teoría de la *visista advaita* o «teoría especial de no dualidad» de Ramanuja. Según Ramanuja, si bien todo el conocimiento es falible, como propusieron prácticamente todas las escuelas de doctrina *advaita*, debemos SUPONER que el universo material existe y es real: debemos tomarlo como un artículo de fe a pesar de no poder afirmar que el conocimiento es infalible. *Maya*, o la ilusión de realidad creada por nuestras mentes, no debería interpretarse para sugerir que la realidad es una ilusión, sino únicamente que nuestra comprensión individual de la realidad es falible. La filosofía de Ramanuja sugiere que la ciencia objetiva es posible (que podemos estudiar continuamente el universo material y descubrir entendimientos cada vez mejores del mismo), aunque nunca tendremos una comprensión infalible o completa de él. Según Ramanuja, de forma congruente con el trabajo realizado por Karl Popper en Occidente casi mil años después, la crítica de las teorías existentes es la metodología precisa por la cual podemos llegar a una comprensión aún mejor. Ramanuja afirmó que pueden malinterpretarse incluso los libros sagrados de los Vedas, considerados la fuente de la filosofía india. Para llegar al significado correcto, se debería criticar continuamente el entendimiento propio de las palabras hasta llegar a un entendimiento que soportara la crítica. Para Ramanuja, que también era religioso en el sentido tradicional, la palabra «Dios» se define diciendo: «El universo material es el cuerpo de Dios». Por lo tanto, Dios/Naturaleza será descubierto por el hombre usando la razón y la ciencia, y se revelará poco a poco, pero nunca se conocerá completa o infaliblemente. Por lo tanto, aunque la objetividad mediante el racionalismo crítico es una metodología que espera revelar o descubrir cada vez más realidad, la máxima de la doctrina *advaita* de la falibilidad de todo conocimiento siempre seguirá siendo cierta. Por lo tanto, en Ramanuja y Popper encontramos el lugar preciso en el cual las filosofías orientales y occidentales encuentran puntos en común.

El axioma de Hayek

Entonces, ¿por qué me refiero a la teoría que expone que «todo conocimiento, cuando se expresa mediante el lenguaje, es falible» como el axioma de Hayek? Bien, el conocimiento de la falibilidad parece ser tan antiguo como la civilización misma. Los antiguos indios lo conocían. Sócrates, el más grande de los filósofos griegos, habló esencialmente de la falibilidad del conocimiento humano. Ciertamente, todas las religiones importantes del mundo afirman que el conocimiento humano es falible. Karl Popper hizo de la falibilidad el trabajo de su vida y, junto con Thomas Kuhn, sentó las bases para los estudios postmodernos sobre filosofía de la ciencia. Sin embargo, en mi opinión no fue hasta Friedrich Hayek cuando se explicaron completamente todas las implicaciones de la falibilidad. La falibilidad de Hayek también derivaba de la incompletitud, pero no de la incompletitud epistemológica de Gödel. La incompletitud hayekiana es simplemente un reconocimiento de que hay demasiados hechos en cualquier economía para que una persona o grupo de personas pueda conocerlos. Pero la conclusión a la que llega como resultado de su incompletitud más «ontológica» es la misma: que la falibilidad del conocimiento es obvia. En el trabajo de Hayek se exponen todas las implicaciones para la ley, el gobierno, la ciencia y prácticamente toda forma de acción humana, aunque Hayek no utiliza explícitamente el axioma. En las siguientes páginas intento parafrasear las percepciones de Hayek en varios campos usando el axioma de la falibilidad tal y como se expuso anteriormente, añadiendo ocasionalmente implicaciones adicionales que se hacen obvias una vez comprendemos su punto de vista. Si intentamos encontrar las deducciones silogísticas del axioma de la falibilidad, entonces es posible que seamos capaces de llegar a deducciones y predicciones precisas que puedan soportar la crítica en el futuro próximo.

Es importante señalar que la falibilidad no significa falsedad, sino únicamente la posibilidad de falsedad junto con la posibilidad de verdad. El axioma de Hayek admite su propia falibilidad, pero lo que intentaremos hacer es suponer que es cierto, hasta y a no ser que pueda ser refutado. El reverso de la falibilidad es la posibilidad: siempre hay esperanza de que algo que no se había resuelto antes pueda resolverse, porque la tesis de que nada puede hacerse es falible. De hecho, cualquier solución a cualquier problema casi con toda certeza necesita esperanza; de otro modo, es probable que el problema no se resuelva. La suposición de la falibilidad brinda automáticamente dicha esperanza, al descartar cualquier certeza en la expectativa de un resultado negativo.

Un interesante comentario al margen: dado que el axioma de la falibilidad es probable mediante las matemáticas de Gödel, el axioma hace referencia a una verdad que pertenece a todas las culturas que usan cualquier idioma, aunque dichas culturas existan como una simulación de computadora o en cualquier otro lugar de la galaxia o el universo. Por lo tanto, de alguna forma se demuestra lo erróneo de imaginar historias de ciencia ficción que tratan sobre razas alienígenas superinteligentes o robots artificiales superinteligentes, ya que cualquier inteligencia que fuera lo suficientemente inteligente tarde o temprano descubriría que todo el conocimiento es falible. ¡La falibilidad es un límite de velocidad cósmico de la inteligencia, ya sea artificial, humana o no humana!

Descubrimiento Competitivo, Libertad y Coerción

Ingeniería frente a ciencia

En la sección anterior, nos hemos comprometido de forma efectiva con la suposición voluntaria de que el universo material es real, a pesar de la naturaleza inadecuada de nuestras mentes para verificar que lo que sucede es la verdad infalible. Sin embargo, una vez hecho esto, la ciencia se convierte en un esfuerzo meritorio: buscamos usar nuestro poder de deducción falible para revelar cada vez con mayor profundidad cómo interactúan las distintas partes del universo material. En cada etapa, nuestras teorías continuarán siendo incompletas y, por lo tanto, falibles, pero, si utilizamos la teoría para ingeniárnoslas y conseguir un resultado deseado, entonces no necesitamos preocuparnos por el hecho de que la teoría sea falible y podemos concentrarnos en el hecho de que, en realidad, nos ayudó a moldear el universo material de una forma concreta. Para poner un ejemplo sencillo, los europeos de la Edad Media asumieron que el sol se alza todos los días y planearon sus acciones en base a ello. Ahora, aunque ya se ha descubierto que la Tierra rota en torno a su eje y que técnicamente es la Tierra la que «cae» y no el sol el que «se levanta», en realidad esto no afecta significativamente al grueso de su planificación y sus acciones. Por lo tanto, no parece que la falibilidad del conocimiento nos impida salir adelante en la vida diaria: es posible ingeniárselas, aunque la ciencia subyacente sea incompleta o errónea. Al mismo tiempo, una ciencia y unas teorías cada vez mejores nos ayudarán a lograr más ingeniería práctica a medida que descubramos teorías más precisas sobre el universo material.

Epistemología competitiva

Pero ¿cómo encontraremos teorías cada vez mejores si la metodología básica del silogismo es en sí misma falible? La respuesta es, y siempre ha sido, las teorías competitivas. Desde que existe la realidad, tarde o temprano se demuestra que la teoría menos precisa es incorrecta y prevalece la más precisa. Por ejemplo, podemos suponer por toda la eternidad que agitar las manos lo suficientemente rápido nos ayudaría a volar, pero tarde o temprano las personas que prueban esa teoría tienden a abandonarla. Por supuesto, esto no quiere decir que volar en un aeroplano o en un ala delta no sea posible, así que no significa que debamos dejar de intentar alcanzar resultados que actualmente se consideran imposibles, sino simplemente que debemos pensar lateralmente para encontrar una solución en la que la palabra «solución» implica el mismo fin, pero no necesariamente medios similares.

La herramienta de la crítica

No es estrictamente necesario que el descubrimiento competitivo del conocimiento requiera más de una persona. También podríamos usar la herramienta de la autocrítica para poner a prueba nuestras teorías, como sugieren Ramanuja y Popper. Pero cada persona atraviesa en su vida una interacción única con la realidad que tiene a su alrededor, y las teorías de cada individuo cobran forma a través de hechos reales de su interacción con la realidad. Por lo tanto, tenemos una oportunidad mayor de encontrar la naturaleza verdadera del universo material usando los argumentos competitivos de un gran número de personas e intentando encontrar una teoría que esté en conformidad con la experiencia de todos los individuos.

Así, el acto mismo de vivir pacíficamente en una sociedad proporciona automáticamente una red de seguridad contra la falibilidad. El peligro, sin embargo, es que las sociedades pueden creer colectivamente en teorías que en realidad no son ciertas. Por ello es también esencial que una sociedad considere las teorías de los individuos que no se adaptan totalmente a las prácticas aceptadas del grupo. Si no se hace así, el progreso en pos de descubrir cada vez más sobre el universo material se detendrá.

Tradición, libertad, consecuencia y coerción

Esto nos lleva al punto esencial sobre las opciones a las que nos enfrentamos individualmente. ¿Hasta dónde llegamos como individuos insistiendo en nuestra opinión sobre un cierto aspecto de la realidad que percibimos, pero que todavía no está aceptada generalmente en la sociedad? Sabemos que nuestra teoría es falible, pero a pesar de eso, sabemos asimismo que la teoría generalmente aceptada también es falible. La libertad de expresión y la libertad de crítica de nuestro discurso se convierten en el marco bajo el cual la sociedad puede poner a prueba continuamente los límites de nuestro conocimiento.

Es obvio que el pensamiento puro sería inútil, dada su falibilidad. Necesitamos actuar –interactuar con el resto del universo material, incluyendo a otras personas– para conseguir los datos a partir de los cuales podemos pensar. Entonces, ¿necesitamos libertad de acción para poder realizar los actos que queramos con el fin de descubrir cada vez más sobre la realidad? Por supuesto que sí, pero, dado que es posible que siempre nos equivoquemos, debe haber un límite a las acciones libres para evitar la coerción de las acciones de otras personas. La duda siempre presente que confiere la falibilidad nunca debe permitirnos tener la confianza o «justificación» para usar la fuerza o el poder para coaccionar a otra persona e impedir que actúe de una forma determinada. Después de todo, ¿cómo sabemos que con ello obtendríamos el resultado que deseamos? De hecho, va contra tus propios intereses coaccionar a otra persona porque, debido a la falibilidad, nunca puedes estar seguro de qué es lo que más te conviene a ti. Coaccionar a otros en lugar de tratar de convencerlos reduciría la probabilidad de descubrir la forma óptima de proceder. Durante el proceso de convencer a otras personas sobre ciertas líneas de acción, podemos acabar modificando nuestras propias teorías y adoptar al final una forma de proceder en la que, de otro modo, no se habría pensado. Convencer a otras personas y estar abierto a ser convencido se convierte en una metodología absolutamente esencial que debemos utilizar, dado el hecho cierto de la falibilidad probada de nuestro conocimiento. La coacción solo sería contraproducente.

Derivada del axioma de la falibilidad, esta ética que asume que ninguna persona debería coaccionar a otra se revela como la implicación más importante y fundamental de la falibilidad. Nos ofrece una definición racional de la moral y la ética mismas: como individuos, deberíamos ser libres para realizar cualquier acción y decir las palabras que deseemos, pero el punto en el que debemos limitarnos es al llegar a la coacción. Cualquier cosa que implique coacción hacia otra persona debe considerarse inmoral y falta de ética; y asimismo al contrario: cualquier cosa que no implique la coacción de una persona por otra no puede ser inmoral o falta de ética, aunque se demuestre insostenible o esté lejos de ser óptima para esa misma persona. Pero, solo porque nos parezca que un comportamiento no es coherente con la naturaleza de la realidad, no podemos prohibir que otros prueben ese comportamiento, siempre y cuando no coaccionen a nadie. En realidad, si un comportamiento es sostenible, esa persona lo descubrirá y probablemente otras personas se unirán a ella. Si dicho comportamiento no es sostenible, esa persona lo descubrirá por sí misma. Los sabios y los ancianos experimentados siempre pueden tratar de guiar a los demás miembros de su comunidad para que se aparten de los comportamientos que no son sostenibles, pero al final depende de cada persona elegir su línea de acción, siempre y cuando no implique la coerción de otros. De hecho, los comportamientos resultantes pueden variar de una región a otra y de una cultura a otra. En teoría, la comunicación entre culturas permitirá que cada cultura aprenda de los éxitos y errores de otras culturas. La moralidad, la ética y las tradiciones propias de cada cultura pueden ser específicas y variadas, pero todas las culturas deberían aceptar la verdad básica de la falibilidad del conocimiento, así como su implicación de que la coerción es una equivocación. Para aquellos que se creen infalibles e intentan coaccionarnos para que sigamos un código cultural en particular que ellos afirman que es el correcto, podemos preguntar legítimamente por qué creen que son infalibles en su recomendación. Si nos señalan un libro religioso, podemos preguntar legítimamente si dicho libro no proclama que todo el conocimiento humano es falible, tal y como afirman todos los libros de las principales religiones del mundo.

Sin embargo, merece la pena señalar de nuevo que, como dijo Hayek, las tradiciones son la mejor defensa contra la falibilidad del conocimiento, e ir contra ellas con frecuencia se demuestra peligroso. La libertad de acción también supone aceptar las consecuencias de las propias acciones, muchas de las cuales pueden tener consecuencias inesperadas que no se deseaban. Algunas de estas consecuencias se deben a ciertas verdades básicas sobre el universo material que siempre serán ciertas, y otras se deben a las expectativas falibles de la sociedad en general. Aunque las expectativas son falibles, normalmente las personas no las consideran así y, cuando dichas expectativas demuestran estar de espaldas a la realidad, es posible que se dejen llevar por intensas emociones negativas de miedo, ira o envidia, y esto añade obstáculos en el camino del cambio. El único camino no coercitivo para superarlo es realizar progresos paso a paso y dedicar el tiempo y el esfuerzo necesarios para mostrar por qué los nuevos desarrollos no van a aumentar la coerción y, cuando el desacuerdo persista, estar pacíficamente de acuerdo en el desacuerdo y dejar que el tiempo acabe revelando la verdad. Es importante señalar que el debate activo y la argumentación entre personas que intentan convencerse de la corrección o incorrección de sus teorías es una parte esencial del descubrimiento de conocimientos y no puede considerarse coerción. Es posible que la libertad de expresión hiera algunos sentimientos, pero nunca puede constituir físicamente coerción: los sentimientos heridos se deben más a unas expectativas falibles que a ninguna otra cosa, y se reducen en cuanto uno lo comprende. Puede ser cierto que se pueda probar que las palabras que causan dolor son incorrectas, especialmente si se pronuncian de forma que parecen infalibles. Pero, dada su probable falibilidad, es fácil desacreditar a cualquiera que declare tener un conocimiento infalible. Una alternativa efectiva a la coerción es convencer mediante el debate libre y la crítica en todos los casos, desde las diferencias religiosas a las diferencias morales y los descubrimientos científicos.

Fe y religión

El siglo XX fue la era de la gran «modernidad», en la cual el racionalismo se tornó en arrogancia y la religión fue atacada en todas sus formas. Parece que las actitudes hacia la religión en el mundo posmoderno han atemperado esa arrogancia, a medida que descubrimos que todas las teorías racionales son inevitablemente falibles. Por lo tanto, el siglo XXI es la época adecuada para que leamos a Hayek y comprendamos las implicaciones racionales de la falibilidad sin caer necesariamente en ninguna interpretación irracional de las religiones, y aprendamos al mismo tiempo lo que todas las religiones nos han enseñado siempre respecto a la falibilidad. Parece claro, con la retrospectiva del axioma de la falibilidad, que lo que logran las religiones mundiales más importantes es propiciar la interacción pacífica entre las personas usando un concepto de Dios para prohibir implícitamente cualquier alegación de conocimiento infalible. El problema a la hora de usar el concepto de un Dios antropomórfico (un Dios que es similar en estructura y naturaleza a un ser humano) es que permite que persista la infalibilidad a través del fundamentalismo religioso que interpreta los textos religiosos de una forma determinada, sin entender que nuestra comprensión de las palabras puede ser falible y, de hecho, quien escribió dichas palabras pudo haber expresado incompleta o incorrectamente la verdad esencial de la falibilidad que ellos mismos experimentaron. Las palabras pueden significar una cosa para un escritor y otra en cierto modo diferente para el lector de esas mismas palabras. A medida que las personas se comunican ideas a lo largo de generaciones, los significados originales pueden quedar completamente ensombrecidos.

Pero, usando el axioma de la falibilidad como esencia del conocimiento, se vuelve más sencillo poner orden en el significado de las palabras de los líderes espirituales y entenderlas de forma racional. Por ejemplo, la idea de la fe se presenta con frecuencia como algo de naturaleza mística. Pero si todo nuestro conocimiento es falible debido a la naturaleza de la construcción de nuestros cerebros y a la naturaleza del lenguaje, entonces se hace bastante obvio que todas nuestras acciones requieren un cierto grado de fe en que lo que *pensamos* que es cierto *sea* realmente cierto. Yo creo que, cuando adelanto un pie, encontraré una superficie rígida que me permitirá caminar. No puedo alegar que mi conocimiento sobre esa superficie sea infalible, pero usando la suposición de Ramanuja, que dice que el mundo material existe y que mis percepciones me proporcionan datos sobre dicho mundo material, doy el paso con la confianza de que caminaré. No tengo la certeza, pero utilizo mis sentidos y mi intelecto, y reemplazo la certeza con la confianza. Si resulta que doy un paso sobre una superficie helada y me caigo, esto me proporciona más datos para asegurarme que en el futuro intentaré percibir la diferencia entre una superficie seca y una superficie helada. Pero, con cada paso que doy, todas mis acciones requieren que tenga fe y confianza en el conocimiento que considero que es cierto en ese preciso momento. Sin esa fe, sería imposible ir por la vida ante la probable falibilidad. Así que doy un paso hacia adelante a pesar de mi continuada falibilidad, incluso después de resolver mi problema con el hielo, porque, aunque aún haya algo incompleto en mi nueva teoría revisada, puedo estar seguro de que la realidad me lo enseñará a su debido tiempo. No necesito tener miedo a dar un paso hacia adelante porque, una vez hecho, obtendré cualquier dato posterior que necesite sobre la realidad para ser capaz de moverme en ella. Lo único que necesito es una fe completa en que el mundo material es real y, por lo tanto, es capaz de enseñarme lo que necesito en la situación en la que me pone, siempre y cuando esté abierto a buscar los datos sin miedo.

Entonces, ¿por qué usar una concepción racional de la fe si las concepciones religiosas de la fe están más probadas y establecidas como tradiciones por todo el mundo? Bien, por un lado, el mundo está tan interconectado en el siglo XXI que no podemos sino interactuar con personas de diversas tradiciones religiosas. Cada religión ha creado un contexto cultural alrededor de su teología que no es completamente compatible con las culturas basadas en otras teologías. Sin embargo, en lo que sí pueden estar de acuerdo tanto los racionalistas como las personas tradicionalmente religiosas es en el concepto de la falibilidad inevitable del conocimiento humano. Lo que puede ser más controvertido es que un falibilista racional no puede aceptar de ningún modo ninguna afirmación infalibilista de personas que se declaran líderes políticos, religiosos o comunitarios. Si examinamos cada sociedad religiosa individualmente, encontraremos algunas personas que entienden su religión como la fuente del conocimiento y que todos los individuos son falibles. Hay otros que malinterpretan las palabras escritas de una forma concreta y creen que su interpretación es infalible, y entonces intentan usar la coerción para hacer cumplir ese punto de vista en particular. Para un falibilista sería inaceptable aceptar a un líder político o religioso como dictador que lo sabe todo de todas las acciones, y el razonamiento para dicho rechazo está contenido dentro de cada religión: el simple hecho de reclamar la infalibilidad individual es teológicamente herético; esto es, todas las religiones importantes ya subrayan que el conocimiento humano es falible. Si una persona religiosa parece irrazonablemente fundamentalista en algún tema, limítate a preguntarle cómo está tan absolutamente seguro de su punto de vista, dado que su propio texto religioso le dice que el conocimiento humano es falible. Un líder religioso, político o comunitario puede ser un guía, de forma que no tengamos que volver a aprender a través del descubrimiento personal los hechos de la vida desde los principios básicos, pero un buen líder comprende que no lo sabe todo y, de hecho, no sabe nada de forma infalible.

LEY Y GOBIERNO

El propósito de la ley

A la luz de la falibilidad, el propósito de la ley debería ser ilegalizar la coerción. Pero coerción es una palabra de difícil, si no imposible definición, por lo que debemos hacernos a la idea de refinar continuamente nuestra definición de cada tipo específico de coerción a medida que lo detectamos. Para empezar, la violencia física contra otra persona es coerción con toda seguridad y debería ser ilegalizada. Hayek resalta que el fraude es equivalente a la coerción y sugiere que la no divulgación de algunos tipos de información puede interpretarse como coerción. Para Hayek, una sociedad sabia otorga el monopolio de la coerción al gobierno, pero este (a) usa dicha coerción únicamente para prohibir a las personas coaccionarse entre sí, y (b) siempre que sea posible, usa una forma más suave de coerción que la coerción que ilegaliza o castiga. Las garantías procesales y la presunción de inocencia son el sello distintivo de la civilización moderna, y es fácil entender por qué son necesarias una vez comprendemos que el conocimiento es falible y podríamos condenar inadvertidamente a la persona equivocada. Adicionalmente, Hayek demuestra que la aplicación de tal prohibición de la coerción se puede llevar a cabo a través de un sistema descentralizado (como la separación del poder judicial y la protección del periodismo independiente). La prohibición de ciertas formas de coerción puede ser posible incluso a través de instituciones privadas, en lugar de tener una autoridad central que intenta aplicar mediante la fuerza bruta las reglas que vayan surgiendo. Los abordajes dictatoriales inevitablemente hacen necesaria la entrega de un poder discrecional ilimitado a burócratas que, al ser falibles, lo usan inevitablemente de una forma coercitiva e injusta.

La democracia como detector espontáneo de la coerción

Aunque históricamente las formas democráticas de gobierno emergieron por diversos motivos, también podemos comprobar en la historia de los países democráticos que, al garantizar un poder político de forma equitativa a cada votante, los ciudadanos que carecen de poder político o económico y que se ven coaccionados por otros más poderosos que ellos tienen una oportunidad de expresar ese hecho, y los políticos tienen un incentivo para usar el monopolio gubernamental sobre la coerción para reparar dichos actos de coerción. La democracia también permite que la sociedad progrese de forma ordenada desde un estado en el cual no toda la coerción está prohibida (hecho histórico en todas las naciones del mundo actualmente) hasta llegar potencialmente a un estado en el que todo tipo de coerción esté prohibido, procediendo paso a paso y de una forma culturalmente sensible, para arrastrar consigo a la opinión pública en cada paso. Después de todo, las leyes aprobadas que no son aceptadas en los corazones y las mentes de los ciudadanos son poco útiles. Hayek describe la democracia como la herramienta precisa que fuerza a las personas con buenas ideas a convencer primero a otras personas de que dichas ideas son buenas, probablemente modificando ellos mismos dichas ideas en el proceso para que sean menos falibles y más coherentes con la experiencia de la realidad de cada ciudadano. Los cambios repentinos planificados centralizadamente e implementados sin el convencimiento del pueblo al que afectan pueden arrebatar a un sistema social las salvaguardas que necesita para evitar la actividad coercitiva en el entorno cambiado. El cambio llevado a cabo bajo una estructura de poder distribuida como una democracia, en la que cada participante tiene presente que, si surgen nuevas formas de actividad coercitiva puede aparecer un régimen cambiado, permitirá que surjan espontáneamente instituciones privadas que verifican el comportamiento coercitivo. En lugar de establecer burocracias, Hayek sugiere que los gobiernos deberían anticipar la aparición de dichas instituciones y fomentar su crecimiento intercompetitivo, de forma que emerjan espontáneamente las instituciones más fuertes y efectivas, y se mantengan alerta unas a otras a través de la competencia incesante.

Los límites de las burocracias

Sin embargo, una trampa en la que han caído la mayoría de las democracias y otros países es precisamente la de las ilusiones infalibilistas. Por ejemplo, es posible que una persona defraude a otro conjunto de personas al afirmar que posee una empresa con perspectivas de realizar negocios importantes y solicite inversiones basándose en informaciones falsas. Está claro que esto ha sucedido en todas las sociedades desde el principio de la civilización. Sin embargo, la respuesta moderna ha sido establecer una burocracia auspiciada por el gobierno y dotada de personal que certifique cada solicitud de inversión. Pero dichos funcionarios están tan sujetos a la falibilidad del conocimiento como cualquier otra persona o grupo de personas. Por lo tanto, lo único que consigue la burocracia es tranquilizar a la población y hacerles creer que las solicitudes de inversión certificadas por el gobierno son seguras, cuando la realidad es que la agencia gubernamental no puede tener el poder de garantizar tal cosa, dado el hecho ineludible de la falibilidad. En este caso, el gobierno podría, por ejemplo, limitarse a ordenar que se cumplan unos mínimos requisitos de divulgación de información y permitir el desarrollo espontáneo de agencias de calificación que examinarían dicha información y proporcionarían al público calificaciones externas de terceros sobre la aparente fiabilidad y el potencial de la inversión. De hecho, las agencias privadas de calificación de más confianza pueden acabar negándose a certificar una solicitud si no se divulga una cantidad de información mayor que el mínimo de información ordenado por el gobierno. Una vez que los nuevos requisitos de divulgación son hechos públicos por las competitivas agencias de calificación, el gobierno también puede actualizar los requisitos obligatorios de divulgación de información, permitiendo así que el sistema se automantenga y previniendo la obsolescencia de las regulaciones.

Tales requisitos de divulgación de información son una forma de poder gubernamental coercitivo, pero es una coerción de un nivel menor que el fraude del que intenta proteger. Del mismo modo, el castigo en la mayoría de los países democráticos está similar y sabiamente restringido a una forma de coerción que es menor que la coerción ilegalizada, lo cual tiende a construir la confianza de la población en un gobierno que es fiel al principio de un nivel mínimo de coerción en la sociedad. De hecho, es difícil defender la pena capital, un acto de coerción irreversible, a la luz de la probable falibilidad del conocimiento, dado que implica que se puede haber llegado equivocadamente a dichas sentencias. Es imposible justificar ningún acto de coerción porque todas las justificaciones son demostrablemente falibles, por lo que lo menos que se puede hacer es utilizar la presunción de inocencia y exigir todas las garantías procesales para que se conserven los derechos básicos de los acusados.

La naturaleza negativa de la buena legislación

Hayek empleó gran cantidad de tiempo en escribir sobre la naturaleza de las leyes que son adecuadas para que un gobierno legisle, dado que los propios legisladores son falibles. También fue un ávido lector de la obra de

Lord Acton, cuya cita más famosa dice: «El poder tiende a corromper y el poder absoluto corrompe absolutamente». Si restringimos el poder legislativo de un gobierno democrático de forma que únicamente pueda elaborar leyes que sean negativas, esto es, que prohíban o ilegalicen una acción específica en lugar de intentar enumerar exhaustivamente las acciones permitidas, y hacemos que dichas leyes sean interpretadas por un poder judicial independiente, entonces no corremos el riesgo de que las leyes restrinjan el descubrimiento competitivo de nuevos conocimientos. Por ejemplo, cuando surge un fenómeno nuevo como Internet, en lugar de especificar cuáles son las acciones permitidas en Internet, la legislación únicamente debe preocuparse por ilegalizar cualquier forma de coerción que suceda en la red, como la falsedad y el fraude. De hecho, con una constitución que proteja los derechos individuales, dicha coerción ya sería ilegal aunque no haya ninguna ley escrita sobre el tema. Promulgar nuevas leyes solo sirve para formalizar la ilegalidad y los remedios para formas específicas de coerción que surgen bajo las nuevas y cambiantes circunstancias. Hayek lo llama proceso de legislación privada o no formal, que surge primero de la acción libre del ser humano y en el cual la ley pública o escrita es simplemente la formalización de esa regla recién descubierta. Pero, además de observar la interacción humana en tiempos de paz (la cual normalmente exige espontáneamente minimizar la coerción) para descubrir una nueva ley, el *principio de no coerción* puede usarse eficazmente para determinar qué acciones deberían ilegalizarse formalmente. No hay ninguna causa que sugiera que una vez que hayamos ilegalizado la coerción no se necesitarán más leyes. Antes bien, cada vez que la sociedad hace progresos para definir claramente un tipo de coerción, se puede promulgar una nueva ley ilegalizando ese tipo específico de coerción y proporcionando los remedios adecuados. Por ejemplo, aunque la violencia es claramente ilegal, no hace ningún daño promulgar más leyes que resalten formas específicas de violencia dirigida a grupos concretos y la ilegalicen específicamente, además de detallar un castigo en particular para aquellos declarados culpables. Típicamente, dicha legislación sobre «delitos de odio» se ha abierto camino en la mayoría de los gobiernos democráticos, aunque simplemente haya sido como consecuencia del sentido común, en lugar de a causa de una gran teoría. La idea de que la legislación relativa a los delitos de odio es superflua y, por lo tanto, innecesaria, parece disparatada, dado que la falibilidad nos obliga a ser tan precisos y completos como podamos.

Corrupción

Lo que hay que evitar prácticamente a cualquier precio es promulgar leyes que concedan a los burócratas del gobierno poderes discrecionales. Aquí la advertencia de Lord Acton se presenta como un ejemplo extraordinario. A lo largo de la historia, cada vez que los gobiernos crean puestos de poder discrecional, lo que sucede es que, tarde o temprano, las peores personas, aquellas que no tienen escrúpulos a la hora de coaccionar a otros, se abrirán paso con uñas y dientes para hacerse con dichos puestos. Una vez están asentados en ellos, usarán y abusarán de ese poder discrecional para su propio beneficio. El que lo utilicen para conseguir ventajas financieras u otro tipo de ventajas, que pueden ser ideológicas, políticas o sociales, varía de una sociedad a otra y de un individuo a otro. Es inútil que los países concedan poderes discrecionales a los burócratas y después esperen que no haya corrupción. Como señala Hayek, la única solución es asegurarse de que las leyes aprobadas por un gobierno democrático sean obligatoriamente generales, abstractas, universalmente aplicables, aplicables por igual a todos los ciudadanos incluidos los funcionarios, de naturaleza negativa en lugar de prescriptiva, y que no contengan ninguna concesión de poder discrecional a la burocracia. Esto no significa que las leyes hayan de ser completamente inequívocas; de hecho, el teorema de la incompletitud y la naturaleza del lenguaje garantizan que surgirán situaciones en las que las leyes parezcan ambiguas. Pero en este caso, es la obligación del sistema judicial interpretar la ley desde el punto de vista de una prohibición de las acciones coercitivas basada en la presentación de todos los hechos a cargo de todas las partes implicadas. Las burocracias, en caso de ser necesarias para el gobierno, únicamente deben servir en los aspectos de procedimiento y secretariado de dicho gobierno. La toma de decisiones no necesita y no debería ser parte de las tareas burocráticas. De hecho, con el advenimiento de unas redes y una tecnología de la información asequibles, todas las tareas del gobierno tienen el potencial de poderse automatizar una vez se elimina la toma burocrática de decisiones.

Derechos de propiedad

Solo es necesario dar un pequeño paso en la deducción para llegar desde la premisa de una prohibición de la coerción a la implicación de los derechos de propiedad. Por ejemplo, si poseyeras un objeto, yo no podría arrebatártelo sin tu consentimiento o sin usar la coerción. Esto automáticamente implica el derecho a la propiedad. A lo largo de los últimos 350 años, en Occidente se ha generado abundante literatura que demuestra los beneficios de leyes que protegen explícitamente los derechos de propiedad. Sin embargo, lo que nos demuestra Hayek es que este derecho no es «inmanente» o de alguna forma existente trascendentalmente. Es simplemente una consecuencia lógica de la prohibición de la coerción, lo cual es en sí mismo una consecuencia lógica del axioma de la falibilidad. Los derechos de propiedad también permiten que aquellos individuos interesados en aumentar sus posesiones proporcionen bienes y servicios competitivamente, haciendo que bajen continuamente los precios de dichos bienes y servicios debido a esa competencia. Los precios reducidos o, dicho de otra forma, la productividad mejorada, permite el aumento del nivel de vida general en la sociedad y la búsqueda constante de nuevo conocimiento para producir nuevas formas de crecimiento de la productividad y de la riqueza. Un sistema económico no competitivo y planificado de forma centralizada no generaría espontáneamente una demanda de nuevos conocimientos y nuevas tecnologías. De hecho, dando por supuesta la excelencia técnica de los científicos de países del «segundo» y «tercer» mundo como Rusia e India, se puede suponer con bastante seguridad que la superioridad tecnológica de Occidente se debe más a que hay demanda de tecnología debido a las presiones de la competitividad que a un suministro superior de tecnología. Tal y como discutiré en el capítulo dedicado al emprendimiento, parece que es necesario que la demanda preceda al suministro.

El grupo que se oponía más vehementemente a los derechos de propiedad era el marxista, por supuesto. Hayek dedicó mucho de su tiempo a demostrar que el sistema de planificación centralizada alternativo a un sistema basado en el derecho de propiedad fracasaría precisamente a causa de la inherente falibilidad del conocimiento. Pero, en una época en la que se mantenía que la ciencia era fuente de conocimiento infalible, los movimientos marxistas de todo el mundo trataron de poner en práctica sus ideas. No obstante, debe mencionarse que el propio movimiento marxista venía de una época en la cual la idea del derecho de propiedad se tenía en alta estima, pero el concepto según el cual se debería prohibir la coerción no era especialmente conocido o popular. De hecho, si suponemos que la libertad individual no está restringida por una moralidad que refrene la coerción, entonces nos tomaríamos la libertad como una licencia para coaccionar, siempre y cuando dicha coerción no estuviera explícitamente codificada como ilegal en una ley escrita expresamente para ese caso. En tiempos de Marx, muchos industriales y propietarios de riqueza se entregaban rutinariamente al uso coercitivo de su poder discrecional, y algunos de ellos llevaron a cabo actos extremos de coerción. No sorprende, por lo tanto, que muchas de las personas más pobres pensaran efectivamente que en toda acumulación de riqueza había implícita una cierta cantidad de coerción. Hoy en día, en las democracias económicamente avanzadas, no se consiente la coerción abierta a gran escala, y la mayoría de la creación de riqueza proviene de un conocimiento, una tecnología y un talento superiores, pero aún persisten muchas formas de coerción y popularmente se consideran legítimas bajo el paraguas de la libertad individual y económica.

Afortunadamente, la historia ha demostrado que la planificación centralizada socialista no puede tener éxito, y los conceptos de Hayek han prevalecido claramente. Pero la cuestión ahora debe regresar a la pregunta original, que Hayek explica como la filosofía de los viejos *Whigs*, un grupo de filósofos del siglo XVII que precedieron a los principales filósofos de la Ilustración del siglo XVIII, como Adam Smith y David Hume. Los viejos *Whigs* provenían de un entorno religioso en el cual la falibilidad se daba por supuesta y la libertad abarcaba claramente tanto la propia como la de los demás, implicando con ello que se descartaba la coerción. Así, el postsocialismo actual se convierte en un debate democrático sobre qué expresiones de nuestra libertad individual tal vez no sean legítimas y podrían de hecho coaccionar a otros. Es posible que este tema se atenuara y perdiera en cierto grado en los años posteriores a los viejos *Whigs,* a medida que crecía la creencia en la ciencia infalible y en la libertad económica e individual sin trabas, pero es una idea que debe resurgir ahora que ya se ha prescindido del socialismo. Estas son algunas preguntas contemporáneas:

- Si te hago firmar un contrato pero no revelo cierta información pertinente que está en mi poder, ¿no es eso coerción?
- Si te vendo un producto que sé que es defectuoso y no te lo digo, ¿no es eso coerción?
- Si te vendo un producto que sé que es dañino, pero me abstengo de comunicártelo, ¿no es eso coerción?
- Si tengo un monopolio en un sector en particular necesario para tu supervivencia, y me niego a venderte si no compras otro de mis

productos o si no te abstienes de comprar algún otro producto, ¿no es eso coerción?

Monopolios

La última pregunta del párrafo anterior trae a colación un tema que debe ser abordado. Si el descubrimiento del conocimiento sucede principalmente a través del proceso competitivo, entonces se debería continuar diciendo que un proveedor que ostente un monopolio no podría incrementar rápidamente el conocimiento (y, por lo tanto, mejorar la productividad y el beneficio), precisamente debido a la falta de competencia. Así que parece que, excepto cuando el monopolio se da en un campo que es muy antiguo y no es posible adquirir conocimientos nuevos de cierta consideración, va contra los intereses de una empresa adquirir a todos sus competidores con el único propósito de lograr que obtener beneficios resulte más sencillo. Los teóricos del libre mercado han defendido que los monopolios no son necesariamente malos, porque a ellos mismos les interesa ofrecer varios planes de precios distintos para llegar hasta todos los clientes adicionales a los que puedan llegar. Sin embargo, esto solo es cierto para un monopolio cuyo dueño sea un ser completamente racional. En la práctica, habría seres humanos falibles con sus propias peculiaridades y prejuicios encargados de tomar las decisiones. El monopolista tendría capacidad para usar coercitivamente un poder discrecional, y aquellos que fueran coaccionados podrían no estar en posición de poseer suficiente poder para exigir una compensación.

A la vez que señala que el monopolio en sí mismo no es necesariamente malo, Hayek resalta que el poder de coaccionar es potencialmente problemático. Ofrece el ejemplo del propietario del único oasis en una localidad del desierto. En un escenario competitivo normal, los propietarios de negocios pueden elegir con quién hacen negocios y con quién eligen no relacionarse comercialmente. Hayek admite que esta es precisamente la forma en la que el propietario del oasis podría abusar de su poder discrecional. Por ejemplo, puede elegir obligar a las personas a seguir una religión o creencia en particular y, si no acceden, negarse a venderles agua. Pero, en lugar de abogar por la necesidad de fragmentar el monopolio en entidades competitivas, Hayek sugiere que podríamos eliminar su poder discrecional de vender a unas personas sí y a otras no. El propietario del oasis tendría que publicar una lista de precios en la cual vendería diversas cantidades de agua en distintos momentos, pero cualquier individuo de la sociedad sería libre de comprar el agua con esas condiciones. El término «agua libre» en esta sociedad desértica se referiría a la libertad de acceso, en lugar de sugerir que el agua se provee gratis, ya que esta última interpretación solo conduciría al uso excesivo y al agotamiento de los recursos.

La misma situación podría surgir hoy en varios campos diferentes, desde empresas de suministro de materias primas a empresas de alta tecnología. Aunque es posible que no sea necesario dividir ninguna empresa (si bien se podría suponer que ellos mismos querrían conservar voluntariamente algo de competencia para acelerar el proceso de descubrimiento de conocimiento y aumentar la productividad), a veces puede ser necesario ordenar que proporcionen acceso libre con un listado de precios público y que no puedan rechazar a determinados clientes basándose en su sola discreción.

En las áreas de alta tecnología que implican interacción de tecnologías proporcionadas por diversos participantes del mercado, un participante dominante podría utilizar la coerción con solo no publicar los estándares de interfaz. En ese caso, la función de la ley podría ser simplemente ordenar la divulgación de las interfaces mediante la publicación universal del código de software subyacente y ofrecer acceso a las interfaces de hardware a un precio específico.

Monopolios artificiales: propiedad intelectual

Dado el conjunto de deducciones que hemos usado hasta ahora, no es sorprendente descubrir que, aunque Hayek recomendaba la protección completa de los derechos de la propiedad física, le parecía que eso no implica automáticamente que sea conveniente la misma protección para la propiedad intelectual. Esto se debe a que no está claro cómo puede ser coaccionado un usuario de propiedad intelectual si otro usa la misma propiedad, algo que es imposible cuando se trata de propiedad física. De hecho, el propietario de la propiedad intelectual es el que tiene el poder de coaccionar, acordando tratos con algunos clientes y negándose a aceptar a otros clientes.

Una solución práctica sería ampliar la descripción de Hayek de limitación del poder discrecional de los titulares de monopolios forzándolos a hacer pública una lista de precios de una licencia de su propiedad intelectual para cualquiera que desee usarla. Dado que, una vez creada, la propiedad intelectual no requiere costes de producción, un paso más allá sería obligar a que el propietario de los derechos de propiedad proporcione el precio como un porcentaje del valor añadido, de forma que la propiedad intelectual pueda utilizarse en economías que solo pueden hacer frente a precios más bajos, y de forma que los productores de bienes competitivos que usan dicha propiedad intelectual hagan que bajen los precios y suba la productividad.

La libertad de conocimiento no significa que el conocimiento deba ser regalado gratis, solo implica la libertad de difusión. De hecho, una vez que se da libertad al conocimiento para dispersarse espontáneamente, puede proporcionar al titular de los derechos de propiedad intelectual más ventas e ingresos que si se restringiera a una distribución discrecional. Por ejemplo, el titular de una patente establecería un precio o un porcentaje del valor añadido para otorgar la licencia del producto patentado, en lugar de obligar a mantener complicadas negociaciones en las cuales el propietario de la patente ejerce un poder coercitivo discrecional. Si creemos que la coerción es un poder económicamente ineficiente, podríamos esperar que el beneficio total para el titular de la patente derivado de dicho «comercio sin fricciones» sería mayor que el beneficio derivado de la pretensión de conocer infaliblemente la forma óptima de otorgar licencias de la patente. También en el área de los derechos de autor, aunque las editoriales tienen una función importante en la publicidad, la promoción y la estimulación general de la demanda, podría ser concebible que el escritor creativo o el artista y una empresa de promociones firmaran un acuerdo conjunto para compartir *royalties* y derechos de autor, y después permitieran que cualquier editorial fabricara y distribuyera las copias, siempre y cuando pagaran una cantidad estándar en concepto de *royalty* o un porcentaje del valor añadido.

Fallo del mercado

Aunque demostramos que la libre competencia tiende a reducir costes y aumentar la productividad y la calidad, pueden darse situaciones en las cuales la competencia de precios por sí misma pueda causar que algunos activos de propiedad común (como el aire que respiramos, por ejemplo), vean mermada su calidad. Esto es, los mercados pueden fracasar a la hora de eliminar la coerción y puede ser necesaria la intervención del gobierno. Por ejemplo, los automóviles pueden contaminar y provocar que caiga el valor de la propiedad de todos los ciudadanos locales, lo cual es una forma de coerción contra su derecho a la propiedad. Pero si una compañía fabrica vehículos más limpios, es posible que no puedan competir con otras empresas automovilísticas. Lo que ha sucedido históricamente es que las protestas democráticas han forzado al gobierno a actuar y se han creado burocracias que ordenan utilizar determinadas tecnologías que controlan la polución. Pero, como el conocimiento es falible, no tenemos ni idea de si dicha tecnología obligatoria es la forma más barata o más productiva de reducir la contaminación. Aquí el gobierno ha caído en la trampa de la ilusión infalibilista y ha frenado bruscamente el proceso de descubrimiento competitivo del conocimiento. Esto no quiere decir que en origen no hubiera un fallo del mercado, sino que el gobierno debe reaccionar creando estructuras que permitan la innovación para reducir costes con el transcurso del tiempo. Por ejemplo, el gobierno podría crear un fondo en el cual el nivel de polución actual se midiera, y se emitieran digamos mil millones de acciones (el número es irrelevante) como derechos para contaminar hasta ese nivel. Entonces se obliga a las empresas a comprar la cantidad de derechos a contaminar que sus automóviles (u otras máquinas) necesitan, y trasladen ese coste a sus consumidores. Esto crea un incentivo para descubrir tecnologías más eficientes que logren el resultado final: la reducción de ese tipo de contaminación, incluso sin que el gobierno tenga que saber de antemano cómo van a alcanzar dicho resultado exactamente los actores competitivos. Después el gobierno puede establecer un objetivo de reducción de emisiones en un porcentaje determinado cada año, de forma que los actores competitivos mejoren continuamente sus tecnologías y reduzcan la contaminación.

Bajo este tipo de regulación en la que el gobierno democrático crea artificialmente los mercados para rediseñar incentivos, en realidad carece de importancia si el miedo que una sociedad acuerda tener democráticamente está plenamente justificado o no. Por ejemplo, existe debate científico sobre si el calentamiento global está realmente causado por las emisiones de gases con efecto invernadero procedentes de máquinas fabricadas por el hombre o si el aparente calentamiento y enfriamiento global son efectos macrogeológicos que no se ven demasiado afectados por las emisiones producidas por el hombre. Pero si hay causa suficiente para creer que los gases de efecto invernadero producidos por el hombre deberían reducirse, al menos por si acaso, y si podemos acordarlo democráticamente, entonces podemos establecer un fondo de derechos de emisión de gases de efecto invernadero partiendo de cualquiera que sea el nivel actual y mejorando el nivel de contaminación progresivamente a lo largo del tiempo. Al utilizarse estos sistemas de «ordenación espontánea» o autoorganizativos, no se colocará ninguna barrera artificial significativa en el núcleo del proceso de descubrimiento de conocimiento de los mercados competitivos, que son la esencia de la mejora de la productividad y de la creación de riqueza.

Pobreza

No hay ninguna duda de que la pobreza no es deseable y es perturbadora para cualquiera que tenga emociones humanas normales. Pero en los gobiernos ha surgido otra forma de torpeza a causa de su deseo de legislar una prohibición de la pobreza. Sin embargo, como señala Hayek, es inútil legislar un deseo y encomendárselo a la burocracia en forma de directiva. De ninguna forma el burócrata posee el conocimiento o la capacidad para lograr dicho objetivo; tenemos que ser más específicos en determinar lo que debería hacer el burócrata o limitarnos a no legislar un deseo indefinido. Por otro lado, los fundamentalistas del mercado libre han sostenido que, si los gobiernos no hicieran nada en absoluto, están infaliblemente seguros de que no habría pobreza. Dado que esto no está probado ni claramente ni históricamente, y además es improbable a la luz de las evidencias de que puede haber fallos de mercado, muchas personas lo rechazan completamente. Dada la falibilidad y la conveniencia de una sociedad libre de coerción de unas personas hacia otras, no es sorprendente que Hayek encontrara estéril esa teoría tan *laissez-faire*.

La verdad parece ser que hay problemas estructurales sistémicos que hacen que ciertos tipos de personas y familias sigan siendo pobres y continúen en desventaja. Tal condición de coerción persistente se denomina opresión, pero la coerción de la que estamos hablando aquí no es necesariamente algo mediante lo cual una persona esté coaccionando deliberadamente a las personas atrapadas en la trampa de la pobreza. En lugar de eso, se trata de una situación en la que la condición de pobreza opresiva ha ocurrido espontáneamente. Pero no hay motivo para culpar a una persona o grupo de personas ricas por este estado de coerción espontánea, como intentaron hacer Marx y sus seguidores. Aunque puede haber personas ricas que coaccionen a otras personas menos poderosas que ellos, es la coerción y no la riqueza lo que debería prohibirse, a la vez que deben descubrirse técnicas para ayudar a la persona indefensa a adquirir riqueza. Por lo tanto, primero debemos analizar la forma en que hemos podido definir la coerción, especialmente la definición en el sentido hayekiano de la coerción como fraude y no divulgación de cierto tipo de información.

Una vez hemos definido la no divulgación como coercitiva, es fácilmente concebible que muchas personas, si no todas, sean culpables al menos de pequeños actos de coerción. Aunque, por supuesto, no resulta práctico ni admisible que el estado se implique en todos esos actos de coerción relacionados con la no divulgación de información. La no divulgación de información está considerada coerción en la mayoría de las democracias únicamente si constituye un fraude material: la mayoría de los gobiernos democráticos solo harán cumplir los contratos si se ha comunicado toda la información pertinente. Pero es la función del debate democrático y de la investigación científica estudiar las condiciones que conducen a la opresión espontánea y a la pobreza. En concreto, deben analizar si deberían legislar sobre ciertos requisitos de divulgación de información para crear caminos para que esas personas atrapadas en la pobreza opresora puedan ayudarse a sí mismas a salir de ella.

En los siguientes capítulos discutiremos las formas específicas de coerción enumeradas a continuación:

- No divulgación de información en la banca
- No divulgación de información en la educación
- No divulgación del conocimiento relativo a qué es lo que hace que el emprendimiento y la creación de riqueza tengan éxito.

En cada una de estas situaciones, existe un incentivo espontáneo para que las personas que conocen esta no divulgación de información mantengan dicha información oculta. En otras palabras: si dicha información estuviera disponible, habría demanda de dicha información, pero hay un fallo del mercado para cubrir esa demanda. El resultado de este fallo de mercado es la pobreza permanente y sistémica para algunos grupos de personas, y los siguientes capítulos muestran cómo puede superarse este fallo de mercado y cómo puede eliminarse prácticamente en su totalidad la pobreza sistémica.

Hayek también señala que tampoco hay un impedimento sustancial del proceso de descubrimiento competitivo si los gobiernos crean planes de ayuda social para la subsistencia. Incluso la Gran Bretaña de los siglos XVII y XVIII (el primer país en experimentar los enormes cambios en el valor relativo del conocimiento que acompañan al crecimiento industrial) tenía lo que se conocía como la *Poor Law*, mediante la cual se proporcionaba lo necesario para subsistir y pensada inicialmente para jornaleros sin tierras que ya no eran necesarios debido al aumento de la productividad agrícola. De hecho, aunque se elimine la pobreza sistémica, la falibilidad garantiza que, de vez en cuando, aquellos que triunfan pueden sufrir infortunios repentinos y perder su riqueza y, tal vez algunas habilidades. En esos casos, el gobierno podría proporcionar la subsistencia mínima si el electorado así lo deseara sin causar con ello ninguna destrucción del proceso subyacente de descubrimiento de conocimiento y creación de riqueza. Hayek advierte que, aunque el gobierno pueda dar ayuda financiera a través de algún tipo de impuesto sobre la renta negativo que estableciera un nivel mínimo de ingresos, no debería intentar crear burocracias monopolísticas para suministrarlo. En lugar de eso, debería permitir que los actores privados competitivos suministrasen los servicios básicos a los receptores de ayuda social básica y dejar que dichos receptores de ayuda social eligieran los proveedores que quisieran. Esto se podría hacer, por ejemplo, adjudicando cupones de alimentos, cupones de ropa, cupones de alojamiento y cupones de cuidado de la salud que podrían usarse para comprar alimentos, ropa, alojamiento y seguros de salud a actores privados competitivos. Una burocracia monopolística que proporciona los servicios, en lugar de un subsidio focalizado, distorsionará con toda seguridad el proceso de descubrimiento de conocimiento al sustraerlo del proceso competitivo. Hayek también convenía que, en los países ricos, el nivel de ayuda social podría considerarse superior a un nivel de subsistencia física básica.

Ahondando en el concepto de ayuda social básica, también es concebible que la asistencia financiera básica al indigente se pueda estructurar como un préstamo de riesgo. Aquellos que con su trabajo logren regresar a un cierto grado de autosustentación pueden devolver sus préstamos mediante un porcentaje de sus ingresos hasta que dichos préstamos estén completamente pagados, pero los que no consigan hacerlo no los devolverían mientras sus ingresos permanecieran por debajo de la cantidad que se haya definido como mínimo de subsistencia en esa nación. Una vez estudiemos la naturaleza de la banca y el crédito bancario, quedará claro cómo cualquier país, incluyendo los países pobres o en vías de desarrollo, podrían usar esta técnica, la cual discutiremos de nuevo en el capítulo dedicado a Economía del desarrollo.

Dinero y Banca

Historia del dinero

El dinero es un elemento muy mal entendido que se comprende mejor estudiando cómo surgió históricamente. En los primeros días de las sociedades de todo el mundo, las personas usaban el trueque para intercambiar bienes que uno tenía y otro quería. Sin embargo, en la mayoría de las sociedades esto conduce a un sistema en el cual algún objeto, ya sea oro, plata, cobre, conchas o cuentas, se usa para representar el valor relativo de los bienes, y las transacciones se pueden llevar a cabo usando dinero en lugar de recurrir al trueque. Esto produce un incentivo para que las personas eviten la necesidad de producir algo que necesitan otros simplemente mediante la búsqueda del artículo que representa el dinero, por ejemplo, el oro. A continuación lo que sucede es que la mayoría de las sociedades que tienen éxito en producir una economía donde las personas emplean más tiempo produciendo lo que otros necesitan que buscando esos objetos fueron sociedades que eligieron de forma natural objetos o metales escasos como representación del dinero. En la mayoría de las sociedades más importantes, como el Antiguo Egipto, India, China, Grecia y Roma, el oro se convirtió en el objeto que se utilizó para representar el dinero. La mayoría también tenían economías en las que la plata, el cobre y otros metales se utilizaron como monedas subsidiarias o alternativas. Cuando se utiliza una moneda basada en metales, el dinero

"

sirve tanto como almacén de valor (una inversión o ahorro de activos) como como unidad de contabilidad, esto es, una escala mediante la cual se pone precio a todas las cosas disponibles comercialmente.

Crédito y billetes de banco

El siguiente paso para una economía es avanzar desde una economía basada en el dinero hacia una economía basada en el crédito. Inicialmente, las sociedades empiezan con un prestamista de dinero que presta monedas en efectivo a un prestatario. Pero sobre el 1200 d. C., surgió un sistema bancario parecido al moderno, primero en Venecia y más tarde en el resto de Europa. En un régimen bancario, la palabra o la nota de un banquero sirve como representación de su promesa de pagar el equivalente en oro o en otro activo especificado. En un régimen así, las notas o billetes pronto se empiezan a utilizar con más frecuencia que la moneda física. Con el desarrollo de la tecnología del telégrafo, también fue posible que los bancos abrieran sucursales en numerosas ciudades y países para facilitar los pagos entre ciudades y comerciantes internacionales. Asimismo, los bancos se convirtieron en depositarios del oro representado por los billetes que emitían. Como consecuencia, los bancos solo negociaban con otros bancos en los que confiaban y, si los billetes estaban emitidos por un banco menos conocido o por un banco cuyos propietarios poseyeran menos riqueza, entonces esos billetes solo se aceptaban con un descuento de su valor nominal. Esta clase de banca sin control alguno alcanzó su cénit en los nuevos territorios colonizados de Estados Unidos, con la banca llamada «de gato salvaje», que se refería a los bancos establecidos en lugares a donde solo irían los gatos salvajes.

Es importante señalar que, cuando los bancos concedían préstamos a los emprendedores, siempre exigían alguna forma de aval o garantía. Por esta razón, la mayoría de los préstamos solo se concedían a iniciativas empresariales patrocinadas por personas que ya eran ricos o tenían un gran patrimonio. Si la iniciativa fracasaba y no se podía devolver el préstamo, el activo era confiscado por el banco. Dado que ya se utilizaban billetes en lugar de oro y otros metales, el acto de conceder un préstamo a una empresa se convirtió en una cuestión sencilla en la que se hacía una entrada en los libros de contabilidad del banco y el aval quedaba pignorado al banco. A cambio, el banco creaba un depósito: una cierta cantidad de libras, liras o dólares que se ponían en una cuenta que el banco consideraba propiedad de la empresa a la que se ha concedido el préstamo. Una vez que el sistema se afianzó, se hizo evidente para la comunidad de banqueros que en realidad no era necesario mantener almacenada una cantidad de oro equivalente al valor de la moneda en circulación. Después de todo, había un aval o colateral que respaldaba la creación de ese depósito. El único motivo para mantener un cierto nivel de reservas de oro era porque, de vez en cuando, el prestatario necesitaría hacer pagos en efectivo y, por lo tanto, requeriría hacer una retirada de oro. Pero, llegados a ese punto, estaba claro que no había necesidad de guardar una cantidad de oro equivalente a la cantidad de dinero nuevo creado con el trazo de una pluma en forma de préstamo o depósito a favor del prestatario.

Se trata de un asombroso e impresionante desarrollo en la historia. Básicamente se había vuelto posible que los bancos se convirtieran en fabricantes de dinero. Pero el crédito bancario no es dinero permanente: debe ser devuelto con intereses según un calendario acordado. Es una creación temporal de dinero, pero si se usa para generar un beneficio, dicho beneficio se queda como dinero permanente –verdadera riqueza– incluso después de que se haya devuelto el préstamo. La cantidad de ese dinero a crédito que creaban los bancos dependía de cuánto valor estuvieran dispuestos a poner los prestatarios en forma de avales o qué riesgo estuviera dispuesto a correr el banquero si el aval era insuficiente. El control automático sobre el banquero que asume demasiado riesgo es que los demás banqueros necesitan tener confianza en él. Si otros bancos empiezan a negarse a aceptar billetes suscritos por un banco en particular, todo el modelo de negocio de ese banco se encuentra en problemas. Está claro que, si un banco abarca demasiado y emite demasiados billetes, acepta avales dudosos o financia iniciativas empresariales arriesgadas, entonces se producirá una reducción del valor al cual los demás bancos aceptarán sus billetes. Para mantener esto bajo control, el modo en el que la creación de crédito se limitaba automáticamente era mediante el movimiento de oro de un banco a otro. Al mantener una convención sobre cuánto oro debían almacenar los bancos en sus reservas para satisfacer a los otros bancos lo suficiente como para que aceptaran sus billetes, había una limitación sistémica de la cantidad de préstamos o creación de dinero que podía llevar a cabo un banco.

También es importante señalar que los empleados de una empresa a menudo también recibían su salario en billetes del banco que había concedido el préstamo a dicha empresa. Los empleados también mantenían las cuentas bancarias en ese banco, así que, cuando se creaba crédito como entrada en los libros de contabilidad del banco, moverlo a la cuenta de los empleados era simplemente una transferencia de datos de un libro de contabilidad a otro. En esencia, la información se estaba convirtiendo en el elemento usado para representar el dinero, aunque en ese momento aún era convertible en oro. A medida que los bancos adquirieron una reputación, empezó a ser posible atraer más depósitos que los que ellos mismos creaban al ofrecer intereses sobre los depósitos del público en general. Estos depósitos aparecen como pasivo en el balance general del banco y los préstamos aparecen como activo. Mientras los activos generen un retorno de la inversión mayor que el coste de los intereses del pasivo, el banco sigue siendo rentable. El efectivo real necesario como capital para poder optar a dirigir este negocio de fabricación de dinero venía representado por el requisito de mantener una reserva de oro.

Bancos centrales: abandono del oro

En el siglo XX el mundo abandonó el patrón oro por motivos que van más allá del alcance de este libro. Pero fue reemplazado por un sistema respaldado gubernamentalmente, en el cual hay una autoridad monetaria central que especifica la proporción de activos que un banco debería mantener en activos reputados, ya sea deuda del Tesoro Público o bonos del Tesoro que es como se conocen, u otros activos físicos como terrenos y capital propio al que contribuyen los dueños del banco y que se mantiene como efectivo. Es más, instituciones internacionales como el Comité de Basilea mantienen las directrices que deben aplicar los bancos de los distintos países si quieren construir la confianza que facilita los pagos transfronterizos. De este modo, el sistema moderno se convierte básicamente en un sistema que imita el antiguo sistema de reserva de oro sin necesidad de usar la convertibilidad del oro.

El problema que surgió fue que también se volvió tentadora para el gobierno la posibilidad de coaccionar a la autoridad monetaria para que relajara los estándares de la reserva y aumentara la cantidad de préstamos a la economía, en un intento por acelerar su crecimiento. Pero lo que emergió fue que, si creamos más dinero del que es capaz de absorber la economía en proyectos nuevos que produzcan bienes que otras personas quieran de verdad, lo que sucede es que la economía se ajusta aumentando los precios de los bienes para absorber el dinero disponible o, lo que es lo mismo, causa inflación. A nivel internacional, la consecuencia fue que los países que eran laxos en sus requisitos de reservas y creaban demasiado dinero acabaron golpeados por un declive en el valor de su divisa. De hecho, los acuerdos de Bretton Woods y la creación del FMI y el Banco Mundial se debieron al intento de prevenir que sucediera precisamente esto, pero en esencia la libre fluctuación de las divisas unas contra otras se convirtió en imposible de prevenir, en la medida que los gobiernos usaban arbitrariamente su monopolio sobre el poder coercitivo para interferir en las directrices para conceder los préstamos. El comercio de divisas fue la única forma que encontraron los mercados financieros para mantener cierta cordura en el significado del dinero como representación de lo que las personas consideran valioso.

La inherente inestabilidad del crédito

Pero tampoco es que el sistema anterior de banca y creación de crédito funcionara como la seda antes de que los gobiernos se convirtieran en supervisores de los requisitos de las reservas de activos. El modelo occidental de banca y de creación de crédito bancario siempre ha estado impregnado de una inestabilidad más profunda, aunque la creación de crédito haya sido el factor primordial de crecimiento en las economías occidentales y en la ciencia y la tecnología (dado que la competencia económica produce una necesidad cada vez mayor de nuevo conocimiento que aumente los beneficios para compensar los márgenes menguantes causados por la competencia). La inherente inestabilidad del crédito deriva de un desfase entre la demanda de liquidez de los titulares de pasivos en los bancos (depósitos) y la liquidez disponible en los activos (préstamos) creados por los bancos. En tiempos de crisis o incertidumbre, los titulares de depósitos quieren aumentar su liquidez y pueden exigir más efectivo o equivalentes al dinero en efectivo, como bonos del Tesoro. Los bancos pueden verse forzados a reclamar préstamos para equilibrar el activo y el pasivo, creando una recesión general en los negocios. En una situación así, el banco puede ser incapaz de reunir activos líquidos y efectivo en suficiente cantidad para cumplir con las exigencias de liquidez, aunque exija la devolución de préstamos concedidos, cierre empresas y se haga con la propiedad de los avales, porque hay una preferencia general por la liquidez en toda la economía debido a la incertidumbre. Llegados a este punto, los bancos podrían cerrar y los impositores podrían perder sus depósitos.

La no divulgación como coerción

Si miramos la situación desde el punto de vista de la coerción y la revelación de información, podemos ver claramente que los impositores de un banco deben saber que se puede dar esta situación de desfase de liquidez, especialmente en épocas de gran temor o incertidumbre. En este punto, debemos señalar que el dinero no es realmente un activo en sí mismo, sino que solo es tan bueno como el conjunto de préstamos que hay en la columna opuesta del balance contable del banco. Entre las personas molestas con esta falta de divulgación de información bancaria se encuentran varios grupos marginales que abogan por que los bancos no concedan ningún préstamo, alegando que deberían guardar el dinero de los impositores en efectivo. En ese caso, es obvio que no habría ninguna creación de crédito y, por supuesto, no se pagarían intereses sobre los depósitos y probablemente no habría actividad económica ni empleos que generaran el dinero necesario para ofrecer una rentabilidad por hacer depósitos.

Llevándolo hasta el extremo, nunca se superaría una recesión porque el motor de creación de dinero se habría apagado completamente, dando lugar a una depresión económica persistente donde nadie corre riesgos, nadie está dispuesto a financiar el riesgo y, como resultado, nadie obtiene beneficios: un círculo vicioso que se perpetúa. Ha habido muchas sugerencias académicas sobre cómo corregir esta situación, muy notablemente la de J.M. Keynes, y aún se debate si las correcciones implementadas según la teoría keynesiana eran apropiadas o no. En cualquier caso, eran correcciones sugeridas por una teoría que a su vez es necesariamente falible, por lo que, para empezar, es casi seguro que la teoría no era la mejor forma posible de remediar la situación o prevenir que sucediera. Milton Friedman es conocido por una modificación de las teorías de Keynes que nos enseña cómo prevenir la inflación generada por la creación excesiva de dinero a través del crédito bancario. La teoría de la cantidad del dinero de Friedman se ha convertido en práctica aceptada para países de todo el mundo, que ahora tienden a dejar que sus autoridades monetarias gestionen solas la cantidad de dinero de crédito que se permite en la economía. Pero aún no está claro si es necesariamente eficaz la recomendación de Friedman de vigilar los niveles de los precios de determinados artículos para decidir si se puede permitir la creación de más o menos crédito. Después de todo, nunca puede haber un conocimiento completo acumulado en un lugar central como una autoridad monetaria; simplemente hay demasiado conocimiento en la economía para que esto sea posible. Otro problema es que no hay una razón por la cual el nivel de los precios debería ser estable; de hecho, con los aumentos constantes de la productividad debidos a la competencia, deberíamos esperar un declive continuo de los precios pertenecientes a las clases más antiguas de bienes donde hay más competidores, mientras que las clases más novedosas de productos serían capaces de mantener precios más altos durante un tiempo. De hecho, hoy las autoridades monetarias a veces no saben muy bien si aumentar o reducir el crédito bancario, o qué efecto imprevisto pueden tener sus acciones. En la economía tenemos periodos de tremendo crecimiento sin inflación y periodos de inflación sin ningún crecimiento, lo que parece sugerir que hay algo más que lo que explica Friedman.

Hayek también tenía algunas teorías sobre los ciclos empresariales y las políticas monetarias que no requieren una autoridad monetaria omnisciente, muchas de las cuales no se han tomado en serio después de que perdiera el debate con Keynes a la vista del público. Sin embargo, los acontecimientos más recientes en los mercados financieros señalan hacia un interesante cambio fundamental en el sistema bancario que, aunque no es exactamente lo que sugirió Hayek, posee propiedades muy similares. Estos acontecimientos se conocen como titulización.

Titulización: la desintermediación de los depósitos

El sueño constante de cualquier banquero es ser capaz de crear tanto crédito como pueda. Lo único que les detiene es el departamento de Crédito y Cumplimiento de los bancos. Después de todo, un prestamista no es un comprador sino un vendedor que vende dinero para obtener beneficio. En los años 70 del siglo pasado, mientras los países restringían la expansión del crédito de sus bancos usando regulaciones gubernamentales, los actores del mercado encontraron formas de crear crédito que sorteaban los límites de préstamo. Los bancos comprendieron que podían crear préstamos y vender esos préstamos a personas con dinero para invertir. Así dichos préstamos desaparecían del balance, y a continuación se podían conceder más préstamos sin incumplir los requisitos de reservas. Es importante señalar que, cuando los mercados encuentran formas de sortear las reglas que básicamente sirven para prevenir la coerción, no es necesario que su forma de sortearlas sea de algún modo coercitiva. De hecho, que un conjunto de préstamos se venda y desaparezca del balance del banco no es lo peor que puede ocurrir. De no ser así, la persona que los compró se habría visto obligada a poner su dinero en un depósito de ahorro y entonces el banco habría concedido préstamos y habría obtenido su margen de beneficio usando ese depósito. De esta nueva forma, el inversor o el ahorrador invierte directamente en bonos que son básicamente un paquete de préstamos. El inversor asume el riesgo y también los beneficios. En la práctica, el mundo de la titulización (el empaquetado de agrupaciones de préstamos en forma de bonos y su venta para eliminarlos del balance) inicialmente se expandió en EE. UU., únicamente para los préstamos concedidos sobre propiedades residenciales en las que los préstamos estaban avalados por instituciones auspiciadas por el gobierno. Pero desde entonces se ha expandido a casi todo tipo concebible de préstamo o activo financiero.

El segundo nivel de complejidad surge cuando los bancos, al comprender que se trata de un negocio en el que ganan todos los implicados, empiezan a intentar aumentar el nivel de titulización. El primer paso es usar una herramienta llamada mejora crediticia. Con ella, el banco vendedor de la agrupación de préstamos titulizados básicamente le dice al comprador que ellos asumirán, por ejemplo, el 8% de las pérdidas de los préstamos. Pero, dado que se trata de una agrupación de varios préstamos, y dado que el vendedor se ofrece a asumir el primer 8% de las pérdidas *independientemente de en qué préstamo se produzca el impago*, los préstamos de la agrupación se aseguran unos a otros y el vendedor proporciona un seguro adicional, de forma que el comprador de este bono de «crédito mejorado» asuma menos riesgo. Así que, en este caso, el vendedor de bonos titulizados básicamente ha eliminado algo del riesgo de la agrupación de préstamos para poder venderlos y eliminarlos de su balance financiero. El resultado es que en una agrupación de préstamos se han creado dos tramos: el 92% de la agrupación es el tramo «sénior» que asume las últimas pérdidas, y el 8% está en un tramo «subordinado» que se hace cargo de las primeras deudas hasta un máximo del 8% de pérdidas de la agrupación de préstamos.

El siguiente nivel de complejidad que surgió fue que, en lugar de una estructura de dos niveles sénior-subordinada, un banco puede crear lo que se conoce como «cascada»: una estructura multinivel de tramos sénior, intermedios y subordinados. La cascada queda definida mediante el porcentaje del conjunto de préstamos que se asigna a cada tramo. Los pagos de los préstamos se dirigen primero hacia el tramo más sénior y después fluyen descendiendo por la cascada. Y, por el contrario, las pérdidas son asumidas primero por el tramo más subordinado y después fluyen hacia arriba. Una mayor innovación ha permitido que los bancos separen diferentes tipos de riesgo, separando por ejemplo el riesgo de impago del principal del riesgo del tipo de interés. Otras innovaciones incluyen opciones de liquidez para comprar o vender los bonos en algún momento del futuro, y opciones de riesgo de divisas. Se puede nombrar y separar cada aspecto del riesgo usando una estructura de cascada, y aquellos inversores que se sienten cómodos con determinado riesgo pueden ser los tenedores de ese aspecto. Así que vemos que, aunque la falibilidad no se discute académicamente, el mercado financiero es muy consciente de ella y continúa innovando para dar cobertura frente a diversos impagos de nuestras expectativas falibles. Es importante reseñar que no se elimina el riesgo, solo se gestiona dividiéndolo en varios tipos de riesgo mediante estrategias aseguradoras y vendiendo cada tipo de riesgo a aquellos que desean explícitamente asumir ese riesgo a cambio de un beneficio potencial. Un fondo de pensiones que busca inversiones muy seguras puede invertir solo en el tramo sénior más seguro de los contratos de titulización. Un fondo de inversión de alto riesgo que gestiona el capital especulativo de personas e instituciones ricas tal vez desee comprar toda una cartera de los tramos subordinados más arriesgados previendo que, aunque unos cumplan y otros no, su beneficio será mayor que en el tramo sénior más seguro.

Echando la vista atrás al modelo bancario del siglo XX como instituciones que por un lado aceptan depósitos y por otro conceden préstamos, vemos que la realidad de las finanzas modernas ha cambiado el paisaje de una forma fundamental. El mercado de bonos en general (incluyendo los bonos titulizados y los bonos emitidos directamente por instituciones y empresas particulares) ha permitido que los inversores coloquen su dinero directamente como préstamos, eludiendo el sistema bancario centrado en los depósitos. Anteriormente discutimos que la coerción implícita en un sistema bancario centrado en los depósitos era que no existe realmente una divulgación total al impositor de la existencia de un riesgo serio de desfase de liquidez: aunque el impositor crea que tiene fondos disponibles en metálico, en realidad depende de la capacidad de los bancos para convertir los préstamos de mayor madurez en liquidez, lo cual a veces es imposible cuando se produce una crisis importante. Si este riesgo se divulga adecuadamente, es casi seguro que los impositores preguntarían a sus bancos qué tipo de seguro tienen para cubrir ese riesgo. En este caso, habría un crecimiento enorme de la demanda de bonos seguros para almacenar dinero, pero es obvio que un pequeño ahorrador minorista no tiene capacidad para decidir si coloca su dinero en bonos de la empresa A o de la empresa B. El mundo de la titulización proporciona herramientas precisas que los bancos pueden usar para aceptar cualquier oferta de préstamo o, en otras palabras, cualquier «oferta de riesgo» que haya en el mercado y transformarlo mediante la titulización en un conjunto de tramos con un perfil de riesgo diferente que dependerá del diseño de la estructura de cascada. La titulización se convierte en una herramienta con la que rediseñar la oferta de riesgo en cualquier economía y adaptarla con precisión a la demanda de riesgo en dicha economía. Llevado al extremo, el «efectivo» se convierte en una ficción. Cada persona tendría su dinero en los valores financieros de su elección y soportaría el riesgo del precio de mercado de dicho valor, que podría subir o bajar. En este caso, se vuelve imposible sufrir el desfase de liquidez de la banca basada en depósitos causante de la quiebra de los sistemas bancarios. No hay motivos para que un pequeño ahorrador tema este régimen, ya que es bastante fácil que un banco use la titulación y las opciones para crear un bono que sea muy seguro, siempre y cuando el inversor esté dispuesto a aceptar un tipo de interés probablemente inferior al índice de rentabilidad del capital en la economía.

Hayek: hacia una Teoría del dinero de calidad

Aunque Hayek no previó y no pudo haber previsto el mercado de bonos titulizados, sí esbozó una teoría del capital y una política monetaria que en esencia permitía que se usara cualquier número de divisas de propiedad privada como moneda de curso legal en una economía, en lugar de una única moneda nacional. El propósito de esto era que el propietario de la moneda asumiera la responsabilidad de encontrar formas de monitorizar el riesgo crediticio de los préstamos concedidos en esa moneda y, con el tiempo, el descubrimiento competitivo produciría las formas más óptimas de gestionar el riesgo crediticio. Ahora, convertir todo el crédito en bonos y productos titulizados es un concepto análogo a las monedas competitivas, porque cada tipo de bono se comercializaría en el mercado de bonos y, si a la gente le pareciera que, por ejemplo, los bonos de compañías tecnológicas se volvían más arriesgados, venderían esos bonos y su precio caería, exactamente de la misma forma que una moneda que no gustara en el mercado caería si no se confiara en la calidad de su crédito. Esto indicaría a las personas que conceden los préstamos que no deben aumentar sus préstamos en el sector tecnológico, porque la miríada de actores del mercado, cada uno de los cuales posee algún conocimiento en concreto, ha decidido colectivamente que debe frenarse la oferta de dinero (esto es, la oferta de crédito) a esa porción de la economía. Pero esto no afecta necesariamente al precio de, por ejemplo, un tramo sénior de préstamos hipotecarios residenciales titulizados y, en realidad, el precio de esos bonos podría subir al mismo tiempo que cae el precio de los bonos ligados a la tecnología. De este modo, la economía no sufre una caída general de la oferta de crédito, sino que simplemente desvía el suministro de dinero de un área a otra, de una fecha de madurez a otra y de un nivel de riesgo a otro. Pasar automáticamente a instrumentos menos arriesgados significaría obtener menos beneficios (o «rentabilidad», que es como se denomina al ingreso neto de intereses de un bono), lo cual aumenta el incentivo para algunas personas con riqueza de sobra y con la capacidad de asumir riesgos para intervenir y comprar bonos que son percibidos como demasiado arriesgados para los pequeños inversores, más orientados hacia la seguridad. De esta forma, el suministro de dinero no está regulado por una autoridad monetaria central como si fuera una única entidad colectivizada.

El suministro de dinero se puede expandir en un sector y contraer en otro al mismo tiempo, y no se necesita ninguna autoridad central con conocimiento completo. Por ejemplo, puede aumentar el préstamo para la compra de casas y los préstamos a estudiantes, a la vez que disminuye simultáneamente el préstamo en bonos convertibles de empresas con pérdidas y cuentas con deuda marginal para comprar acciones.

Otro punto que cabe resaltar es que el mercado de bonos, y el mercado de titulizaciones en particular, exige un nivel de divulgación de datos muy alto. Nadie compraría un bono si no se divulgaran todos los datos históricos sobre el rendimiento del bono o sus activos subyacentes. En este caso, las fuerzas del mercado ordenan espontáneamente la divulgación de información (o lo que es lo mismo, la coerción reducida). Si se universaliza la titulización y el uso de los mercados de bonos públicos a costa de los bancos especializados en depósitos, no hay necesidad de que una autoridad monetaria central controle la cantidad de crédito bancario, porque si un banco creara nuevo crédito necesitaría venderlo a tenedores de bonos específicos, los cuales no lo comprarían a no ser que estuvieran dispuestos a asumir ese riesgo en concreto. El mercado puede regular espontáneamente la calidad del crédito bancario, siempre y cuando se mantenga este principio de divulgación completa. La cantidad de crédito bancario se convierte en irrelevante mientras la calidad del crédito sea buena, y no hay límite teórico fijo en la cantidad de crecimiento del suministro de dinero ni en el crecimiento económico que es posible alcanzar sin inflación general improductiva en los precios de todos los bienes. Podría participar en este proceso de creación de dinero un número indefinido de bancos privados, aunque estarían limitados por la disposición de los mercados a comprar activos específicos.

Una unidad sintética de contabilidad

La función de la moneda como unidad de contabilidad, una unidad común usada para expresar precios, podría continuar, pero si una moneda ordenara que toda la deuda creada en esa moneda se negociara públicamente, dicha moneda sería esencialmente estable y predecible, ya que únicamente las deudas específicas que demuestren ser malas perderán valor, y no la moneda propiamente dicha. La moneda en sí se convierte simplemente en un número sintético derivable del precio de todos los bonos de la economía. Los inversores depositarían su dinero en bonos, en lugar de en «depósitos» colectivizados que pretenden estar libres de riesgo, y, cuando se efectúen pagos, liquidarían un bono al precio de cotización en la moneda sintética y, a su recepción, el destinatario del dinero elegiría simultáneamente en qué bonos colocar el dinero. Tal moneda sintética es, por lo tanto, básicamente una divisa que se usa únicamente para poner precios y no tendría sentido hacer que la moneda fuera un valor de almacenamiento más allá de conjuntos específicos de bonos que se cotizan en dicha moneda. El comercio de divisas en su sentido actual no sería posible, ya que se tendría que decidir qué bonos en particular de los denominados en esa divisa uno desea vender o comprar, y no se trataría simplemente de comprar o vender la divisa misma. Por supuesto, se podrían seguir creando, comprando y vendiendo derivados de riesgo de divisas (futuros y opciones). Un sistema así proporcionaría, en efecto, todos los beneficios que ofrece la propuesta de Hayek de monedas competitivas y más, ya que ahora puede haber una unidad de contabilidad usada globalmente, a la vez que se obliga a los almacenes de valor —esto es, los bonos— a ser competitivos.

EMPRENDIMIENTO

La naturaleza de la demanda

En los textos clásicos de economía, un emprendedor es básicamente un agente que es rápido en detectar la demanda de bienes y servicios y los cambios en esa demanda, y organiza la producción de esos bienes. Una variación de ese tema, conocida como la ley de Say, argumenta que «la oferta crea su propia demanda», esto es, que (1) el consumidor necesita ver lo que hay disponible antes de desarrollar el deseo de poseerlo, y (2) una parte del presupuesto monetario de una iniciativa emprendedora incluye la creación de la demanda para los bienes que se están produciendo. Claro que, a la luz de la falibilidad, tendríamos que modificar la ley de Say para afirmar que la oferta podría (o no) tener éxito en la creación de su propia demanda. Lo que pretendemos conseguir en este capítulo es demostrar que la creación de demanda debe preceder a la oferta, y que una ley más útil es que la demanda crea su propia oferta.

Ante los mercados modernos extremadamente competitivos, ha habido un retroceso general de la importancia de la producción frente a la creación de la demanda. La creación de la demanda, que toma forma en el *branding*, el marketing y las ventas, ha llegado a ser reconocida como la principal tarea emprendedora. Incluso la tecnología, que obviamente es útil a la hora de reducir costes y mejorar la productividad, tiene una función mayor en la creación de demanda mediante la creación de la necesidad percibida de usar lo último en tecnología para seguir siendo competitivo en el futuro. Por supuesto, siempre hay una oportunidad de negocio en decantarse por un mercado en el cual ya existe la demanda y usar la tecnología y la innovación para captar parte de esa demanda mediante la reducción del precio, la mejora de la calidad, etc. Pero esa es más una oportunidad de arbitraje que la creación de demanda original. Tales oportunidades de arbitraje son una parte importante de la economía, pero si fuéramos a restringirnos a producir únicamente cosas para las que ya existe una demanda, entonces la predicción de Marx de que el capitalismo moriría a causa de su propia competencia sería absolutamente cierta. La lógica de Marx se aplica claramente en que la competencia tiene el efecto neto de reducir los beneficios, pero encontramos evidencias de que el nivel agregado de beneficio en las modernas economías competitivas no ha empezado a aproximarse a cero. El motivo es que los emprendedores están creando demanda de cosas que no existían previamente.

Por lo tanto, el verdadero emprendedor, el que no es posible reducir a una caricatura marxista, es un agente que crea demanda de bienes que actualmente no cuentan con un mercado probado, o artículos con marca que, por definición, no tienen competencia. Dada una sociedad libre, no hay forma de que una persona pueda forzar a otra a desear o necesitar algo. Pero, debido a la naturaleza humana, todas las personas nacen inicialmente con deseo. El deseo humano puede ser por cosas materiales, empezando por la comida, el refugio y la ropa; o también puede tratarse de necesidades no materiales como el autodescubrimiento, el amor, la atención, la tranquilidad de espíritu, etc. J. K. Galbraith trató de demostrar que la creación de deseo por parte de los emprendedores mediante estrategias de publicidad y marketing era de alguna forma inmoral, o al menos algo a lo que no debe asignarse el estatus exaltado que confieren a los emprendedores escritores como Adam Smith. Pero Hayek respondió señalando que, en una sociedad libre, una vez superamos las necesidades básicas de subsistencia consistentes en proveernos de comida, refugio y ropa, prácticamente todas nuestras «necesidades» son de naturaleza cultural. Que las personas crean que necesitan, digamos, un sombrero de un estilo determinado, o una estatuilla religiosa u otro objeto de algún tipo, es producto de la cultura, básicamente porque no poseerlo cuando sus vecinos y amigos sí lo tienen provoca que se altere su paz de espíritu.

Una teoría general de la cultura

Ahora regresemos por un instante a la filosofía y discutamos la naturaleza de nosotros mismos y nuestros deseos como seres humanos individuales. En un mundo en el cual comprendemos que todo el conocimiento es falible, el único conocimiento que no es falible es el artefacto cultural. Si dentro de un grupo de personas un subgrupo piensa que cierto tipo de música o un cierto estilo de ropa es atractivo, lo piensan. No hay correcto o incorrecto en esa aseveración, aunque generalmente los estilos solo logran atraer si han reflejado alguna temática de la naturaleza; por ejemplo, los ritmos más comunes en la música expresan la naturaleza del tiempo en el mundo material, o un estilo de ropa que refleja la naturaleza del agua cayendo, etc. Todas estas cosas ayudan a reforzar la conjetura de Ramanuja sobre la existencia del mundo material a pesar de no haber en nuestras mentes ningún conocimiento infalible sobre ello. La necesidad de dichos artefactos culturales es también, por lo tanto, una consecuencia de la falibilidad y, aunque los artefactos de una cultura puedan parecer arbitrarios para un observador puramente lógico, satisfacen necesidades psicológicas fundamentales de las personas. Independientemente de lo arbitrario que les parezca a los lógicos y epistemólogos, las personas que participan activamente en una cultura tienden a no sentir ninguna angustia derivada de la falibilidad filosófica y se mueven más confiados por la vida. Esto también hace que sean más proclives a triunfar como emprendedores, gracias al vínculo entre la cultura y la creación de demanda. De hecho, todo acto de creación de demanda nueva es esencialmente la adición de un nuevo artefacto a la cultura y, por lo tanto, un enriquecimiento y una renovación de la cultura. Después de todo, a pesar de la falibilidad, todos nosotros, como individuos que tenemos un cerebro que alberga pensamientos, también somos parte del mundo material, y nuestra existencia es parte indiscutible de nuestro acuerdo original por el cual asumimos que el universo material es real. Para Ramanuja, la sentencia védica *Tat tvam asi*, o «Eso eres tú» significa que, después de suponer que el universo material es real, el siguiente paso es aceptar que nosotros, como individuos, estamos hechos de la misma materia que el universo material y, aunque tal vez nunca conozcamos completamente la naturaleza de la realidad, en cualquier caso, existimos. En términos occidentales, el artículo de fe es: «Yo soy, a pesar de la falibilidad de lo que pienso», en lugar de la ilusión infalibilista de Descartes: «Pienso, luego existo».

El viaje de descubrimiento de la naturaleza de nuestros deseos y de nosotros mismos es parte del viaje de descubrimiento de la naturaleza del universo material, aunque se nos garantice a través del teorema de la incompletitud que nunca alcanzaremos el final del proceso de descubrimiento. Una gran parte de lo que somos como seres humanos individuales con capacidad de elección viene determinada por nuestras interacciones culturales con otros individuos en una sociedad libre y pacífica, junto con los artefactos culturales que descubrimos que nos gustan y deseamos. Aunque una nueva cultura siempre se sostiene sobre los artefactos culturales del pasado, una cultura viva debe actualizarse y renovarse constantemente, y la fosilización de una cultura puramente basada en las tradiciones inmutables del pasado supone la muerte de la cultura misma, la consiguiente muerte de la demanda y el deseo, y la posterior muerte de la economía. Históricamente, las innovaciones en las culturas con frecuencia se producen gracias a la interacción con otras culturas que se convierten en fuente de ideas de lo que la gente puede desear. Esta interacción, crecimiento y asimilación de una cultura externa es un modo muy potente de aumentar la cantidad de nueva cultura viva y descubrir los deseos de las personas sin necesidad de limitarse a investigar desde los principios iniciales. Ningún deseo que no viole el principio de no coerción debe ser considerado inadecuado para una cultura; si una persona de una cultura siente un deseo, entonces se convierte en un deseo que pertenece a esa cultura, independientemente de si el deseo se descubrió primero en otra cultura y más tarde fue comunicado a esa cultura. Los deseos de una sociedad no pueden ser nada más que la suma de los deseos de los individuos que forman dicha sociedad, siempre que ni el gobierno de esa sociedad ni las instituciones privadas permitan ni dejen que sea legal ningún deseo que requiera la coerción de otras personas para satisfacerlo.

Estimulación no coercitiva de la demanda: cultura y demanda

Si nos alejamos del reino físico, es lógicamente posible imaginar que un emprendedor crea demanda persona a persona, pero en la práctica resulta que la única forma en la que un emprendedor puede crear la demanda original es contribuyendo a la cultura misma, y solo tendrá éxito si un número suficientemente grande de personas creen que el producto es compatible con sus personalidades. El sentido de falibilidad que impregna a todas las personas impide que la mayoría haga cosas que se alejen radicalmente de lo que hacen las personas a las que respetan y que les gustan, aunque un vendedor les ofrezca un argumento lógico. Si la creación de demanda y las ventas fueran solo de la clase que implica que el vendedor debe vender humo que ciega a los clientes y los engaña para que compren, es muy poco probable que el capitalismo hubiera florecido de la forma que lo ha hecho. De hecho, la mayoría de los países cuentan con legislación de protección al consumidor frente a productos que no cumplen los criterios de calidad (leyes «Anti Limón» en EE. UU.), la cual les permite devolver un producto en un plazo de treinta días si se dan cuenta de que en realidad no querían comprar ese producto. En una economía con una legislación que previene la coerción y las ventas fraudulentas, solo puede existir auténtica demanda. En otras palabras, cada persona tiene deseos potenciales que se pueden descubrir o actualizar. Es una verdad aparente que cualquier sociedad libre que ha progresado más allá de la subsistencia está fundamentalmente ocupada en descubrir qué deseos tiene almacenados, permitiendo a todos los ciudadanos que descubran libremente qué es lo que desean. La función del emprendedor no es la de alguien que crea un deseo de la nada, lo cual, de hecho, sería algo casi imposible, sino alguien que ayuda a las personas a descubrir qué deseo potencial ya tenían, colocando ante ellos diferentes opciones.

Hay ejemplos de cómo la innovación ha descubierto nuevas demandas que existen en todas las economías modernas. En Estados Unidos, los negocios abiertos por las minorías han revelado enormes oportunidades en la producción de música, comida y entretenimiento de carácter étnico, una demanda que no existía anteriormente. En India en los años 90 del siglo pasado, Pepsi puso en marcha una campaña de *branding* culturalmente local usando gestores locales y el apoyo de celebridades locales, mientras que Coca-Cola continuó con una campaña de *branding* internacional. Coca-Cola fracasó estrepitosamente, mientras que Pepsi prosperó y al final Coca-Cola se vio obligada a dar marcha atrás en su estrategia. No hay una ley que diga que las personas que pertenecen a comunidades «extranjeras» no podían haber producido estas marcas embebidas en su cultura, pero el hecho es que la creación de demanda y la cultura están fuertemente entrelazadas. Para descubrir y actualizar la demanda de cualquier comunidad en particular, el emprendedor debe integrarse completamente con los miembros de esa comunidad. Esto no debe aplicarse solo a una comunidad étnica; por ejemplo, para vender algo a los directores financieros o CFO de las principales compañías, un emprendedor necesita dedicar tiempo para estar con esos directores financieros y comprender la cultura y las suposiciones epistemológicas implícitas que mueven a esa subcomunidad de directores financieros. Debe implicarse en las revistas comerciales y ser capaz de contribuir con información de valor significativo para que la revista se distribuya dentro de la subcultura. Debe estar presente en las ferias comerciales y reuniones de esta comunidad, y participar y añadir valor y esfuerzo a las actuaciones de la comunidad. Cualquier emprendedor que se niegue a hacer esas cosas está intentando limitarse a ser un arbitragista y probablemente sufrirá el destino marxista de la caída de márgenes y negocios que implosionan, porque no está añadiendo ningún valor cultural. Por un lado, una implicación cultural de este tipo permite que los clientes potenciales lleguen a conocer al emprendedor y confíen en él, pero, por otro lado, si el emprendedor es incapaz de construir tal confianza y no puede demostrar ningún talento superior que ofrecer a esa cultura, no tendrá éxito en sus ventas a la comunidad. El *branding* y la participación cultural prácticamente garantizan una oportunidad, pero si lo que ofreces como emprendedor no es valioso, al final fracasarás y es posible que destruyas tu credibilidad por el camino.

La sabiduría de las tradiciones comerciales

Por lo tanto, vemos que hay una gran sabiduría integrada en esta práctica de comprar solo de proveedores que están bien considerados en tu comunidad o una de las subcomunidades en las que participas. A pesar de la falibilidad de todas las teorías y la posibilidad de que alguien con una historia dudosa pudiera convencerte de que su lógica es la correcta, esta participación comunitaria sirve como salvaguarda espontánea contra dicha falibilidad. En todas las economías modernas se piden referencias a todos los proveedores y se comprueban esas referencias. A diferencia de la suposición de los economistas clásicos, el precio nunca es el único factor determinante, porque no puede ignorarse la falibilidad en un mercado competitivo. Aunque la primera venta siempre será la más difícil, hacer el esfuerzo de participar en una subcultura y contribuir a ella nunca falla a la hora de conseguir esa primera oportunidad para demostrar tu capacidad, en caso de tenerla, para ofrecer algo de valor que puedes aportar a esa cultura. Después, esa primera venta y las buenas referencias te llevarán a tus siguientes ventas. Obviamente, la relación calidad-precio siempre será un factor, y es también la base para continuar logrando mejoras de productividad en una economía libre, así que el precio es importante, pero solo dentro del contexto de la proposición completa calidad-precio, incluyendo como valor el riesgo reducido de que el producto o servicio no funcione como debería, frente al riesgo que se corre con un competidor que no emplea el tiempo y el dinero, o no usa información para implicarse cara a cara culturalmente.

La coerción como oportunidad de emprendimiento

Uno de los aspectos interesantes de la filosofía hayekiana es que se hace posible ver cualquier acto generalizado de coerción como algo que representa una oportunidad emprendedora subyacente. Hacer las cosas de forma coercitiva consume más energía y recursos económicos que hacer lo mismo usando la participación voluntaria. Este es otro punto en el que coincidían Galbraith y Hayek, aunque partieran de polos opuestos. Galbraith también mostró que el poder logrado en una corporación mediante la motivación psicológica es mucho más eficiente que la coerción por la fuerza en las economías primitivas y que los incentivos basados únicamente en sueldos altos en las economías intermedias. Dado que una forma no coercitiva de lograr ciertos objetivos será más eficiente económicamente, ahora la tarea de un emprendedor es encontrar una forma de colocar su oferta ante los consumidores, de modo que el hábito de usar los antiguos métodos coercitivos se cambie por el hábito de usar más una forma más novedosa y menos coercitiva. Esta teoría, de ser cierta, brinda cierto nivel de concreción a la teoría de Adam Smith sobre una mano invisible que inevitablemente parece traer mejores condiciones para todos los ciudadanos. Sin embargo, parece claro que esa teoría de la mano invisible solo puede ser cierta si se trata de una sociedad que prohíbe la coerción de todo tipo, en lugar de simplemente una que protege los derechos de propiedad. Los derechos de propiedad también estarían protegidos en un régimen de prohibición de la coerción, pero además lo estarían los derechos de los grupos oprimidos, las minorías religiosas, los trabajadores desvalidos y poco educados, etc. La idea de la falibilidad y su consecuencia de una prohibición de la coerción es una explicación más sencilla y poderosa que una teoría dogmática sobre el derecho de propiedad por sí sola. De hecho, a diferencia de la mayoría de los filósofos y economistas liberales clásicos, solo una parte muy reducida de la obra de Hayek discute explícitamente los derechos de propiedad. Como consecuencia, a veces Hayek está considerado más un científico social que un economista *per se*, pero parecería que eso es una acusación que surje de cómo se practica la economía hoy, en lugar de ser una consecuencia de la metodología de Hayek, ya que la economía es solo una rama de las ciencias sociales que debe estudiarse en conjunto con otras ramas como la psicología, el derecho, el gobierno, la cultura, la ética y todas las demás ramas de la acción humana, tal y como señaló Ludwig von Mises, el primer profesor de Hayek.

Branding

Aunque usar la teoría macroeconómica y filosófica para determinar dónde puede haber una oportunidad emprendedora puede funcionar, hay una gran diferencia entre detectar una oportunidad teórica y crear una organización y un producto que sean conocidos por el público y en el que confíen lo suficiente como para emplear de verdad el dinero y el esfuerzo necesarios para comprar el producto. El primer error que hay que evitar cometer es vender el sector o la oportunidad y no concentrarse exclusivamente en vender el producto que está referenciado por la marca que eliges usar. Por ejemplo, no tiene sentido empezar una empresa para vender jabón; en lugar de eso, deberías vender «jabón marca X», o el nombre que elijas para tu marca concreta de jabón. No solo jabón genérico. Si te conviertes en proveedor de materia prima para jabón o zapatos, o de productos químicos genéricos, entonces no hay esperanza de mantener un negocio sostenible, y tarde o temprano la teoría del declive del beneficio de Marx vendrá a pasarte factura. O, dicho de otra forma, si ves una oportunidad de arbitraje para producir productos genéricos sin marca y hacer dinero, por supuesto, aprovecha la oportunidad, pero no esperes que dure y no esperes que nadie vaya nunca a comprarte la empresa dejándote grandes beneficios.

Una empresa duradera se construye construyendo una marca. Todas las ventajas y beneficios que proporciones deben estar envueltas en la proposición de valor expresada por la palabra que usas como nombre de marca. La relación entre tus clientes y tú debe ser siempre una relación a largo plazo que tus clientes perciban que tiene un valor para ellos y, con el tiempo, el nombre de la marca debería llegar a significar todas esas cosas para tus clientes. Al crear una marca, estás inventando un nuevo mundo en tu subcultura y necesitarás darle profundidad de significado a esa palabra, proporcionando y aportando de verdad unos beneficios. Cierto es que tendrás que ofrecer algún producto o servicio fiable, pero la cuestión de la importancia a largo plazo es cómo lo comunicas, cómo incorporas ese mensaje en la palabra que usas como tu nombre de marca y cómo te esfuerzas continuamente por descubrir lo que les gustaría obtener a tus clientes como valor añadido, y añade eso a tu marca a lo largo del tiempo.

Esta mejora continua no tendrá fin, porque el final de la evolución de una marca también garantiza su muerte.

En todas las épocas, la cultura y la marca estarán entrelazadas, pero puede existir un número cualquiera de subculturas, y normalmente cada persona se considera a sí misma participante en más de una subcultura. Por lo tanto, debes concentrarte en qué subculturas tendrás como objetivo para tu marca y buscar que tu participación y contribución a esa subcultura sea efectiva. Por ejemplo, para conseguir una reputación de fiabilidad, necesitarás validaciones independientes de tu producto o servicio provenientes de terceros. La publicidad sirve solo para un propósito limitado; el verdadero valor de la construcción de una marca proviene de opiniones sobre ti y sobre tu producto de terceros no coaccionados. Para ello, necesitarás interactuar con las personas que dirigen las revistas de comercio y laboratorios de pruebas externos especializados en ese campo, darles a conocer las características y beneficios que ofreces, y lograr que las validen e informen sobre ellas. Si eres tú el que desea empezar una revista comercial, tendrás que interactuar con clientes, organizar ferias comerciales y eventos, buscar nuevos desarrollos importantes, testar y elaborar reseñas sobre los productos nuevos, etc., a través de una extensa interacción tanto con consumidores como con proveedores. La cultura trata de la interacción entre personas, de las reuniones cara a cara donde puedes mirar a los ojos a las personas, estrechar su mano o usar cualquier otra tradición cultural similar para ayudar a determinar si te están mintiendo (coaccionando) o no. Tu proveedor es tan susceptible a la falibilidad como tú y, si está mintiendo, sentirá miedo y ansiedad, y probablemente puedas detectarlo. La cultura trata de eventos que reúnen a las personas para interactuar libremente, en lugar de recibir flujos de datos posiblemente sesgados. Esto les ayuda a utilizar técnicas psicológicas sutiles y culturalmente específicas, aunque no explícitas, que utilizamos instintivamente para determinar qué es verdad a pesar de la falibilidad de nuestro conocimiento teórico.

Dado que el arte y el entretenimiento son también parte de la cultura, esto supone una colaboración en ambas direcciones entre aquellos que ofrecen arte y entretenimiento puros y los que cuentan con presupuestos para gastar en la construcción de su marca. Esta interacción puede utilizarse mal en forma coercitiva, pero si se mantiene la divulgación completa de la información, la sociedad descubrirá el punto a partir del cual la interacción conduce a más desconfianza que confianza, proporcionando un control instantáneo del uso coercitivo de la interacción y permitiendo únicamente la supervivencia a largo plazo de los proveedores de productos para los cuales existe de verdad una demanda y de los proveedores de entretenimiento que gustan de verdad. Llegados a este punto, el comercio y la cultura se refuerzan mutuamente, proporcionando crecimiento y una constante renovación no coercitiva tanto para la cultura como para el comercio.

Financiación de una empresa

La clave para acceder a los mercados de crédito en busca de capital es demostrar que se cuenta con un modelo de negocio rentable, junto con datos que apoyen la creación de auténtica demanda. En un mundo bancario dirigido por los datos, eso sería suficiente para financiar el capital necesario para desarrollar el negocio, ya que un emprendedor podría titulizar los ingresos futuros y vender derechos sénior sobre esos ingresos a inversores que proporcionen capital por adelantado. Obviamente, a día de hoy la titulización aún es nueva y solo se tituliza una pequeña fracción de la deuda, así que aún está por conseguirse el ideal del negocio bancario guiado al 100% por los datos. Hoy en día, financiar la deuda aún depende de un banquero que entienda (o crea que entiende) tu negocio y le parezca que confía en ti o en el aval proporcionado por los cofirmantes del préstamo. Pero en un futuro cercano, especialmente en las economías avanzadas, los flujos de ingresos y beneficios demostrados con datos se comprarán inmediatamente en grupos titulizados y se distribuirán a los mercados de capital. Lo único que necesitará hacer una empresa es estructurar sus datos financieros en un formato mediante el cual se pueda crear una agrupación de bonos con posiciones sénior y subordinadas, y poner esos datos a disposición de los mercados de capital. Esa deuda específica respaldada por activos sería típicamente mucho más barata que en el sistema actual de banca guiada por las relaciones. Una referencia incluida al final de este libro ofrece información sobre un recurso en línea (cofundado por el autor de este libro) que asiste a empresas para crear dichos registros de datos y tener la posibilidad de usarlos con el fin de acceder a los mercados de bonos titulizados.

Pero incluso en las fases avanzadas de la deuda titulizada, la primera tarea del emprendedor es reunir el capital necesario para empezar un negocio experimental antes de contar con un historial de ingresos y ventas exitosas. Debido a esto, las únicas opciones son trabajar primero para otras empresas y acumular experiencia y ahorros, y encontrar un financiador de iniciativas que asuma el riesgo de la renta variable junto con tu contribución en efectivo a ese capital procedente de tus ahorros o a través del aplazamiento de un salario completo. Generalmente, esos financiadores de iniciativas emprendedoras también buscarán un equipo de personas que hayan adquirido experiencia en puestos en empresas de éxito antes de financiarlos, ante la ausencia de datos físicos de ingresos probados. Por lo tanto, a los emprendedores les iría mejor trabajando primero durante un periodo de tiempo para una empresa establecida y empezando después una iniciativa empresarial con un grupo de socios capitalistas a partes iguales con habilidades complementarias. Sería mejor no intentar iniciativas empresariales en solitario hasta que hayan fundado con éxito una empresa y hayan vendido algunas acciones para adquirir suficiente capital propio, de forma que puedan emplear a los mejores profesionales basándose solo en los salarios, aunque no se ofrezcan acciones de renta variable equivalentes. En los países en desarrollo, a veces esta opción no es posible de entrada debido a la falta de una cantidad suficiente de iniciativas empresariales establecidas en las cuales adquirir experiencia. Discuto este caso en el último capítulo sobre economías en desarrollo.

Sostenimiento de una empresa

La falibilidad es implacable. Incluso después de que se haya iniciado un negocio y esté funcionando con éxito, no hay garantías de que las cosas vayan a seguir igual en el futuro. El primer paso es obviamente descubrir qué encuentran valioso los consumidores, proporcionar una solución completa a sus necesidades y refinar continuamente esa oferta. Necesitas reforzar continuamente tu marca y asegurarte de que comunica el valor completo de la propuesta que ofrece mediante publicidad, interactuando con la prensa y compartiendo el conocimiento recién adquirido con la prensa y los clientes. Ciertamente, la prensa no se va a conformar solo con tus comentarios y seguro que tus competidores también van a darles información, pero puedes tomarte la competencia como una fuente de información e intentar igualar sus beneficios u ofrecer incluso más beneficios.

Es más, muchas empresas empiezan como novedades y después, a lo largo del tiempo, evolucionan y se convierten en marcas muy conocidas con no mucho descubrimiento de conocimiento nuevo a la vista. En ese momento, los emprendedores siempre deberían considerar la consolidación fusionándose con otros socios. Incluso en un mercado abarrotado, si has apuntado a un nicho específico de culturas y mercados y has construido una marca fuerte, puedes aplicar precios más elevados para esa parte de cultura autorreforzada que has añadido a la sociedad. Si la tuya es la marca dominante, puedes recaudar más capital y comprar otras marcas más pequeñas y complementarias. El tema principal es que, aunque una empresa es la creación de un emprendedor, debes concentrar el valor en el nombre de la marca y las relaciones a largo plazo que puedas crear con los clientes, y después debes estar dispuesto a vender la empresa en el momento en que tu proyecto se consolide. Hace mucho que acabó la época de los negocios pertenecientes a la misma familia durante generaciones, y no le estarías haciendo ningún favor a tus herederos si los animas a unirse a un negocio antiguo cuando podrían participar y competir en nuevos eventos culturales que en el futuro se situarán en el epicentro de las oportunidades de valor.

La gestión de organizaciones grandes en crecimiento es otro tema importante que puede beneficiarse del reconocimiento de la falibilidad. El negocio tradicional estaba dirigido autocráticamente por el director ejecutivo, que tenía y usaba su poder discrecional arbitrariamente, pero los negocios modernos tienden a ser demasiado complejos y el mercado demasiado competitivo para que este modelo sea sostenible. Una compañía moderna necesita contar con varios tomadores de decisiones autónomos, cada uno concentrado en un papel especializado. Las técnicas de gestión Administración por Objetivos, Gestión de la Calidad Total (TQM por sus siglas en inglés) de Deming y Seis Sigma de Motorola, representan todas ellas un principio básico subyacente: la articulación de los objetivos específicos de cada persona en una organización y la asignación de un indicador numérico para medir el resultado. Después de hacer eso, la persona al cargo debe responsabilizarse de encontrar el mejor método para lograr los indicadores especificados. Este método permite la descentralización de la toma de decisiones, evitando que el equipo directivo intente microgestionar todos los aspectos del negocio. El directivo de mayor rango en un sistema TQM bien implementado no utiliza en absoluto la coerción, y simplemente guía la empresa rectificando los indicadores numéricos concretos que miden el desempeño de los empleados. En este caso, la competencia se puede alcanzar midiendo los logros de los iguales y comparándolos unos con otros, así como fomentando la mejora constante, un proceso mediante el cual las personas son obligadas a competir con sus propios logros numéricos pasados y a proporcionar constantes mejoras respecto al periodo anterior. Naturalmente, vigilar a tus competidores es también una parte básica de intentar descubrir formas cada vez mejores de proporcionar valor a tus clientes. Dada la falibilidad, la competencia en realidad es buena para todos los competidores, en el sentido de que el descubrimiento de conocimiento se hace más competitivo y experimental y, por lo tanto, más efectivo que limitarse a intentar deducir la línea de acción correcta mediante la lógica.

Servicios frente a manufacturas

Merece la pena analizar las tendencias de los modelos de negocio sostenibles a la luz de la teoría de marca cultural con valor subjetivo. De hecho, aunque analicemos el desarrollo económico de Europa y América durante los últimos 500 años, no está claro si el desarrollo se produjo porque se abarató la producción de mayor cantidad de objetos materiales gracias a la tecnología y la automatización, o porque la imaginación pública se disparó por las ideas de la industrialización, creando más deseos y, de ese modo, incrementando la demanda económica. Habiendo creado auténtica demanda, simultáneamente se volvió más sostenible crear capital a través del motor del crédito bancario. Pero, si esto es así, entonces en el futuro la creación de la demanda necesitará basarse no solo en los avances tecnológicos, sino que puede investigarse cualquier posible deseo humano y actualizar la demanda en base a esos deseos. La tecnología sigue siendo importante, porque sería imposible suministrar bienes y servicios de forma competitiva y rentable sin usar la tecnología y el conocimiento de todo tipo. Pero no es más que una de las herramientas usadas tanto en la estimulación de la demanda como en la satisfacción de la misma.

Hoy en día, el acto de manufacturar un producto en EE. UU. es una pequeña fracción de los servicios que rodean el producto. Los fabricantes de zapatos venden zapatos por 100 dólares el par, pero un número variado de empresas en países más pobres se ofrecen a aceptar contratos para fabricar esos mismos zapatos a 2 dólares el par. Sin embargo, la empresa de zapatos no obtiene un beneficio de 98 dólares. En lugar de eso, se emplea dinero en el diseño de los zapatos, la investigación de las propiedades de los materiales y los procesos de fabricación, se invierte en el diseño y fabricación de maquinaria, publicidad, marketing, ventas y distribución, así como en servicios financieros. Después de todos estos gastos, la empresa de zapatos apenas consigue obtener un 10% de beneficios. Si no existieran países con mano de obra barata que fabricaran el producto a 2 dólares, sin ninguna duda habría maquinaria robótica que los fabricara, si no por 2 dólares, tal vez por 10 dólares el par. La tecnología ha alcanzado un punto en el cual el trabajo manual en las fábricas no es productivo. La única razón por la que la tecnología robótica no despegó en los años 80 del siglo pasado, cuando ya estaba lo suficientemente avanzada técnicamente, fue porque el comercio internacional con países con sueldos bajos era capaz de proveer la manufactura manual a un precio más barato que el coste de la automatización. Sin embargo, tarde o temprano la robótica será incluso más barata que el coste de subsistencia de una persona en cualquier país, por lo que no es probable que vuelvan a ponerse de moda los trabajos en las fábricas.

Por lo tanto, otros países deben estudiar el abordaje de las empresas estadounidenses en sus planes de crecimiento y cambio. Cada cultura necesita crear sus propias marcas, diseñar mensajes de marketing estrechamente vinculados a las culturas y subculturas objetivo, crear diseños que reflejen la cultura pasada e incorporen tendencias actuales, descubrir qué técnicas de marketing y ventas funcionan en cada subcultura, y así sucesivamente. La fabricación del producto se puede deslocalizar a países que no participan en este proceso global de autodescubrimiento o puede automatizarse usando maquinaria robótica. El renacimiento y renovación de las culturas locales en cada lugar también estimulará la aparición de instituciones externas necesarias para equilibrar la falibilidad: revistas, periódicos, programas de radio y eventos de la industria del entretenimiento, todos ellos necesitan desarrollarse dentro de cada subcultura y para cada subcultura. Con un estado tan avanzado de las comunicaciones globales modernas, cada subcultura puede tomar prestado lo que necesite de otra subcultura del mundo y descartar lo que no encuentre útil. Solo un infalibilista puede ver la cultura como algo estático del pasado, y los argumentos de ese infalibilista se pueden destruir con bastante facilidad mediante la falibilidad demostrable. Una cultura viva consiste en cualquier cosa y en todas las cosas que los individuos de una sociedad encuentran deseables y no implican coerción. Parte de esa cultura experimental en vivo resultará ser basura efímera que se olvidará pronto, pero otra parte sobrevivirá y evolucionará. También es verdad que es difícil romper los antiguos hábitos, por lo que la siguiente conclusión es que los tipos de nueva cultura que tienen más probabilidades de ser aceptados por las personas modernas serán las culturas que extraen extensamente características de su propia cultura clásica o antigua, a la vez que incorporan una reinterpretación moderna de esa cultura. No hay duda de que las culturas antiguas, algunas de las cuales ahora están fosilizadas, originalmente tuvieron que ser un enorme caldero de experimentación y exuberancia, en lugar de un conjunto de reglas y regulaciones fijas e inmutables. Desde la falibilidad, la cultura no podría haber surgido de ninguna otra manera. Pero se crearán más empleos de un valor sostenible mayor surgidos de un proceso cultural en constante renovación y del proceso de estimular la demanda que los empleos que nunca habrían podido crearse fabricando objetos como subcontratistas de aquellos que crearon la demanda en su propia cultura. Una vez que se piensa en el capital como algo que se puede crear y sostener, no debe haber preocupación por una escasez de capital, siempre que exista una demanda auténtica.

Nueva economía

Para ver el efecto de una economía predominantemente impulsada por los servicios en contraposición a una economía orientada a la manufactura, podemos usar una herramienta proporcionada por Hayek y conocida como desagregación. Una de las preocupaciones de Hayek sobre el abordaje keynesiano de la economía era la glorificación de las estadísticas de datos agregados. La profesión económica utiliza suposiciones de oferta agregada en la economía, demanda agregada, periodo medio de producción, tipo de interés medio, oferta agregada de dinero y crédito, etc. Una de las contribuciones de Hayek fue empezar a desagregar estos datos agregados con el fin de comprender mejor la teoría y acercarla a lo que sucede en realidad en la economía.

Hayek empieza con el periodo de producción. Desde la observación empírica es bastante obvio que el sistema bancario no funciona sobre la premisa de un solo tipo de interés. Si desagregamos en la dimensión del periodo de producción, podemos considerar por separado los proyectos que necesitan un préstamo durante un año antes de su devolución, o dos años, cinco años, diez años y treinta años, por ejemplo. De hecho, cuando analizamos la economía real, vemos que el tipo de interés que cobran los bancos varía dependiendo del periodo de producción. En el mercado de bonos esto se conoce como curva de rentabilidad. La curva de rentabilidad cambia de forma según la percepción de los mercados sobre hacia dónde se dirige la economía, proporciona información clave a los participantes del mercado y ayuda a tomar decisiones sobre inversiones actuales y futuras. Dado que los bonos de un mercado se comercializan de forma diaria y hay un número indeterminado de participantes comprando y vendiendo, en cualquiera de sus puntos la curva de rentabilidad representa un consenso intertemporal (porque nunca es estática o estable) de todos los participantes en la economía, basado en el conocimiento y las experiencias individuales de cada uno de dichos participantes. Por lo tanto, el conocimiento integrado en la curva de rentabilidad no es conocimiento creado por las proyecciones lógicas de un único organismo centralizado, sino una expresión colectiva del conocimiento de varias personas, cada una con su propia experiencia profesional y sus datos.

Aparte de desagregar en la dimensión del periodo de producción, podemos ir más lejos en el uso de la herramienta hayekiana de desagregación y utilizarla en la dimensión del tipo de aval o colateral. En el mercado de bonos titulizados avalados por activos, los bonos negociados no son solo bonos de una madurez específica, sino también con un aval o colateral particular. Por ejemplo, los valores respaldados por hipotecas residenciales representan los préstamos hipotecarios residenciales subyacentes. Los valores respaldados por *leasings* para automóviles representan los préstamos al automóvil subyacentes. Todos los días se negocian en los mercados cada uno de estos tipos de bonos con una gama variada de periodos de madurez. El mercado puede expresar continuamente su opinión colectiva, que afecta no solo a la curva de rentabilidad basada en el periodo, sino también a la rentabilidad esperada para cada tipo de préstamo avalado por un activo. De nuevo, esto es mejor que un solo banquero intentando adivinar si merece la pena hacer un préstamo a una industria usando únicamente la lógica y su propia experiencia individual.

Otra forma de usar la desagregación es dividir el coste de producción de cualquier bien en coste de fabricación y coste de estimulación de la demanda, incluyendo en esta última categoría el diseño, publicidad, marketing, investigación, ventas, distribución, servicios financieros, etc.

Precio = coste (producción) + coste (demanda) + beneficio

Podemos ir más allá y suponer que los costes de producción pesan más debido a la necesidad de bienes materiales como la maquinaria y las materias primas que debido al coste de la mano de obra, y que los costes de creación de demanda se inclinan más hacia el uso de trabajadores altamente cualificados.

En los sectores donde el coste de la demanda es relativamente bajo, como en un mercado puramente orientado a las exportaciones, el ciclo de negocio se puede predecir con bastante claridad.

Inicialmente, cuando los márgenes de beneficios son altos, el capital fluirá y entrará para crear muchas empresas que suministren esa demanda. Pero, con el tiempo, habrá demasiadas empresas, y los precios y los márgenes de beneficios empezarán a tender lentamente hacia cero.

Por el contrario, en los sectores donde el coste de la creación de la demanda es el coste principal, como por ejemplo un producto o servicio de marca, no habrá competencia directa, ya que cada marca de éxito ya ha buscado un nicho diferenciado en el que posicionarse en solitario como la única o la mejor opción. En un sector así, el coste real de producción puede ser rebajado cada vez más forzando a varios proveedores a competir por el contrato para suministrar esa demanda, que es propiedad del dueño de la marca. Aunque es posible que esto aumente los márgenes del dueño de la marca, el esfuerzo de reinventarse constantemente y mantenerse al día con los patrones cambiantes de los deseos limitará la rentabilidad de los dueños de la marca, pero creará muchos empleos con sueldos altos para proporcionar los servicios subyacentes necesarios para crear bienes y servicios de auténtica calidad, que a su vez pueden crear demanda verdadera. Un aumento de población en ese tipo de economía solo puede ser estimuladora, ya que añade demanda, mientras que un incremento de población en una economía basada únicamente en la producción como subcontratista de la demanda creada por otros solo generará sueldos menguantes.

La cultura local en una sociedad orientada hacia la producción tendería a estar cada vez más desatendida, y sería reemplazada por alguna clase de cultura caricatura del «yo también», que se fija en lo foráneo y cuya demanda se está satisfaciendo, en lugar de descubrir lo que tal vez desee la población local.

La trampa de la exportación

Orientarse hacia la producción en lugar de hacia la demanda también tenderá a afectar a las divisas globales. Según la teoría marxista y como demuestran los retornos de las inversiones, hacerse cada vez más pequeño en esas culturas orientadas a la producción y a la exportación, y a medida que los desembolsos en creación de demanda siguen aumentando, las monedas de las culturas orientadas a la exportación seguirán cayendo en declive, mientras que las monedas de las culturas con motores de creación activa de demanda doméstica subirán. Esta tendencia se autorreforzará, ya que una divisa depreciada hará más atractivas las exportaciones, fomentando la inversión de capital en esa dirección y creando una fuga mayor de las inversiones en la demanda y la cultura domésticas. El superávit comercial que crean las exportaciones se verá más que eclipsado por el flujo inverso de capital hacia las economías con necesidades de creación de demanda, destruyendo cualquier oportunidad de que el superávit comercial rescate el valor de dichas divisas. La sabiduría convencional actual, según la cual el superávit comercial provoca que se aprecie la divisa y el déficit comercial causa la depreciación de la divisa, parece un ejemplo perfecto de teoría falible: la incompletitud de la teoría se hace aparente cuando consideramos que el volumen de flujos de capital es mucho mayor que el flujo comercial y será siempre así, ya que el retorno del capital siempre será menor que el capital mismo, porque el capital puede fabricarse libremente a través del instrumento de expansión del crédito. Las economías que se muestran favorables a las inversiones de capital en el interior tienen más probabilidades de alcanzar la apreciación de su divisa, independientemente de la posición de su balanza comercial.

Aunque tales exportaciones deberían considerarse siempre una oportunidad de arbitraje legítima, estas estrategias nunca son sostenibles. Tarde o temprano, una sociedad tendrá que volverse hacia su propia gente y su propia cultura, e intentar descubrir los deseos y las demandas que pueden satisfacerse obteniendo beneficio. Una política abierta hacia el capital extranjero puede aumentar la cantidad de capital propio que fluye hacia esa economía para financiar la nueva creación de demanda y los experimentos de descubrimiento de demanda, y tales flujos de capital impulsarán el valor de la divisa local y, a través de esta, el valor relativo de la cultura y la demanda locales.

Educación

Descubrimiento frente a educación

A la gente parece desagradarle tanto la falibilidad que la forma más efectiva de convencer a las personas de algo parece que es pretender saberlo infaliblemente. Parafraseando un antiguo dicho, la falibilidad es como un pozo alrededor del cual muchas personas merodean, pero ninguna entra. Sin embargo, cuando se analiza desde una perspectiva racional, no es en absoluto fuente de temor sino el principio de la verdadera comprensión del conocimiento. Una vez que reconocemos que existe el riesgo, podemos empezar a intentar gestionarlo usando la recopilación de datos y el debate libre como herramientas de gestión de riesgos. La peor negación de la falibilidad se encuentra en las modernas instituciones de enseñanza. Las instituciones de enseñanza que establecen un currículo fijo de instrucción nunca podrán seguir siendo relevantes. En lugar de eso, deben enseñar una explicación metodológica de cómo abordar el descubrimiento de lo que es verdad. Aunque las personas con más conocimientos en un momento concreto se sentaran a escribir todos sus conocimientos, es absolutamente probable que el conocimiento que tiene algún valor habría cambiado para cuando ellos completaran su escritura. Esto es especialmente cierto en estos tiempos modernos, en los cuales los cambios suceden más rápido que nunca en la historia y se hace cada vez más obvio que lo que aprendemos en instituciones de enseñanza formal en realidad no juega un papel importante en cómo encontramos la forma de ganarnos la vida.

El problema del metaconocimiento

Así pues, en el núcleo del problema de la educación hay una falta de conocimiento sobre qué conocimiento es valioso actualmente. Este metaconocimiento es particularmente falible si el conocimiento mismo es falible. Aunque en los países democráticos modernos no hay una prohibición explícita para que las personas vayan a aprender a donde deseen y aprendan lo que quieran, hay todavía un problema de metaconocimiento con tres dimensiones diferentes:

- Cómo saber qué conocimiento y competencias son valiosos actualmente.
- Cómo saber quién es un proveedor eficaz de ese conocimiento y esas competencias.
- Cómo saber quién proporcionará la financiación que pueda ser necesaria para invertir en esa formación.

Las personas nacidas en comunidades que tradicionalmente no han estado desfavorecidas tienden a contar con redes informales que les ayudan a sortear este problema, aunque no siempre de una forma totalmente efectiva. Las personas pertenecientes a grupos sociales desfavorecidos tienen muy pocas oportunidades de superar el problema. Antes de reflexionar sobre la educación básica de los niños, es más sencillo analizar el problema de la educación de adultos y la adquisición de nuevas competencias, especialmente en el contexto de los entornos tecnológicamente cambiantes que dejan obsoletas las antiguas habilidades a una velocidad de cambio en continuo aumento. El problema del metaconocimiento en este caso puede considerarse un tipo de fallo del mercado: habría demanda de información sobre la eficacia de todas las instituciones de formación, pero el mercado fracasa a la hora de suministrar dicha información, ya que ninguna institución querría asumir esa responsabilidad si el resto de instituciones contra las que compite no asumen también su responsabilidad.

Préstamos estudiantiles de riesgo

Una posible solución al problema del metaconocimiento en la formación de adultos es establecer una infraestructura en la que se puedan recopilar los datos numéricos de los resultados y compararlos con el resultado deseado; esto es, la renta media o la renta aumentada de las personas que se gradúan en diferentes cursos de formación. Además, la carga de la eficacia de la formación puede desviarse al proveedor de la formación mediante la introducción del concepto de préstamo estudiantil de riesgo. Con los préstamos de riesgo, el proveedor de la formación no cobra por adelantado la tarifa del curso, sino que proporciona un préstamo por la cantidad de la tarifa publicada y recibirá las cuotas de devolución del préstamo solo como porcentaje de los ingresos que sobrepasen un determinado ingreso mínimo que se prevea que puede ganar un graduado de dicho curso. Si los ingresos del estudiante no exceden ese nivel, el préstamo no tendría que devolverse. Es fácil ver que, si un proveedor de formación está dispuesto a asumir tal responsabilidad por los ingresos que resulten de la formación, también será posible que cobren mucho más en concepto de matrículas que lo que cobran actualmente, siempre y cuando sean efectivos a la hora de lograr el retorno de la inversión necesario. Entonces también podrían invertir en más infraestructura para la formación y salarios mucho más altos para profesores que posean capacidades mucho más relevantes y valiosas, o que sean mejores a la hora de crear materiales para la enseñanza de ese conocimiento.

Valores respaldados por el conocimiento

Para gestionar los riesgos implícitos en esos préstamos de riesgo, el centro educativo puede usar la innovación financiera más asombrosa: la titulización. Mediante la creación de una cascada de tramos sénior y subordinados de una agrupación de préstamos de riesgo concedidos a estudiantes, los centros de formación pueden vender los tramos sénior a los mercados de capital. Lo único que se necesitaría sería datos estadísticos del desempeño pasado del centro de enseñanza. Incluso si resulta que un porcentaje de los estudiantes son incapaces de conseguir un empleo con el sueldo objetivo (como sucederá inevitablemente), este porcentaje se puede amortizar como el subordinado o tramo de renta variable de la agrupación de préstamos, pero el retorno del resto de los préstamos sería suficiente para compensar la pérdida.

Naturalmente, debería tenerse cuidado de que los estudiantes no abusen del sistema, haciendo el curso y desapareciendo después. De nuevo, el modo de prevenir que suceda no puede ser a través de un control centralizado, sino introduciendo desincentivos para hacerlo de forma que los estudiantes se autorregulen. Por ejemplo, se puede conseguir animando a los empleadores a comprobar las referencias y las puntuaciones de los cursos de un empleado mediante el acceso a los registros en línea de la institución de enseñanza que lo formó. Al hacerlo, el empleador sabría si el empleado es moroso y no ha pagado su préstamo estudiantil. Esto crea un desincentivo para que los estudiantes se conviertan en morosos y, dado que el estudiante no tiene que devolver el préstamo si no gana dinero, en realidad no debería haber motivo para que un estudiante desaparezca del alcance de su centro de formación. De hecho, el sistema de créditos al consumo de EE. UU. hace uso de esta misma forma de incentivo espontáneo para que la gente devuelva sus préstamos. Los mercados estadounidenses de crédito al consumo son, por lo demás, uno de los mayores usuarios de titulizaciones como vehículo para financiar y gestionar la deuda al consumo. Los datos sobre la solvencia crediticia del consumidor han demostrado ser un activo económico valioso en sí mismos y devolverían de sobra el pago por la infraestructura y la tecnología necesarias para recopilar y mantener esos datos. Lo mismo se podría aplicar a los datos sobre el desempeño económico de las personas que se matriculan en varios cursos. Esos datos también se pueden agregar, o anonimizar y divulgar a nuevos estudiantes potenciales que buscan mejorar sus competencias. Aunque ninguna universidad podría tener formas infalibles de saber qué formación será más efectiva, el descubrimiento competitivo aseguraría que la sociedad en su conjunto descubriría y redescubriría continuamente qué formación es necesaria para añadir valor económico en una economía cambiante.

Una vez vemos cómo los préstamos de riesgo titulizados proporcionan datos, responsabilidad y descubrimiento al sistema educativo, merece la pena volver a visitar el concepto de expansión del suministro de dinero a través del instrumento del crédito. Señalamos antes en el capítulo sobre dinero y banca que la forma de prevenir una inflación improductiva generalizada en los precios era asegurar que la calidad del préstamo fuera buena, en lugar de mirar de forma simplista a la cantidad de crecimiento del suministro de dinero. Esto es particularmente relevante para el sector de la formación y su riesgo. Mientras las instituciones de formación mantengan sus datos de efectividad, no es necesario imponer un límite cuantitativo a la creación de crédito para la formación. Por mucho dinero que necesite la economía, el sistema bancario puede crearlo siempre y cuando todos los bonos titulizados se negocien públicamente, de forma que el mercado mantenga un control espontáneo sobre la calidad, efectividad y productividad del capital. Con esos préstamos de riesgo para la enseñanza superior titulizados, que podemos llamar Valores Respaldados por el Conocimiento, no es concebible que exista un problema de recursos asociado normalmente con la educación cuando pensamos en la financiación gubernamental de esa educación mediante una base limitada de ingresos tributarios. Por lo tanto, el análisis y la confrontación de la falibilidad nos han ayudado a identificar los riesgos y establecer sistemas de monitorización para que las personas descubran la mejor forma de avanzar mediante la experiencia colectiva de todos los actores del mercado. Lo que estamos discutiendo aquí no es una solución, sino simplemente un camino que podría darnos la oportunidad de descubrir una solución, o más bien un conjunto diverso de soluciones, al problema de la educación, a pesar de la falibilidad esencial de nuestro conocimiento.

Educación básica

En la educación de los niños, se trata menos de aprender conocimientos económicamente valiosos y más acerca de tener un entorno seguro y enriquecedor donde puedan desarrollarse las capacidades naturales de la imaginación. La imaginación, si se suprime a una tierna edad, es muy difícil de aprender más adelante. No obstante, todavía puede haber formas no descubiertas de proporcionar un entorno así a la vez que se ofrecen competencias básicas como leer, escribir, aritmética, lógica, historia, geografía, música, deportes, habilidades sociales, etc. Una forma de introducir la competitividad sugerida por Milton Friedman y apoyada por Hayek es que el gobierno proporcione vales a los padres, quienes entonces elegirían a qué escuela enviar a sus hijos. Pero esto es imposible de costear para los países en desarrollo y tampoco resuelve especialmente el problema del metaconocimiento para los padres que parten en desventaja y probablemente no cuenten con las redes culturales que saben qué escuelas son las mejores. Una forma más eficaz sería replicar el sistema estadounidense para la educación universitaria: el gobierno estableció un fondo titulizado llamado Sallie Mae que suscribe préstamos universitarios, los tituliza y los vende a los mercados de capitales. La idea va en la dirección correcta, pero el error es que el gobierno de EE. UU. estableció una institución monopolística para ocuparse de ello. En lugar de eso, debería fomentar los fondos de titulación privados y competitivos, que se esforzarían para descubrir qué universidades son efectivas y cuáles no. El gobierno podría limitarse a proporcionar reaseguros a una determinada proporción del tramo de renta variable de la titulización y, con el tiempo, es posible que ni siquiera eso fuera necesario. Un equivalente de Sallie Mae para la educación básica para niños aseguraría que la financiación proporcionada para la educación se devuelva cuando el estudiante crece y si tiene ingresos, y se reutilizaría para financiar a la siguiente generación de niños. Esto podría hacerse tanto en los países ricos como en los países en vías de desarrollo, aunque la proporción de seguros proporcionados por el gobierno en los países pobres probablemente debería ser mayor. Dado que la carga sería soportada por la divisa en lugar de recaer sobre el presupuesto, no hay ningún país que no pueda permitirse una educación competitiva universal de este tipo.

Economías en Desarrollo

Hiperinflación en el dinero agrícola

Tal y como discutimos anteriormente, las economías agrarias y en desarrollo se enfrentan a un desafío diferente de aquellas que emplearon siglos en hacer la transición de una economía agrícola a una industrial, y después hacia economías de servicio. En las economías agrarias, con mucha frecuencia el grano mismo es una de las monedas en circulación. En la India rural, por ejemplo, un aldeano pobre puede no tener fuentes de ingresos, pero aun así podría seguir cultivando algo de grano y hacer un trueque de un poco de grano por aceite para cocinar, sal y verduras. Pero, cuando de repente las tecnologías hicieron crecer el suministro de alimentos hasta una cantidad muy superior, el valor del grano como moneda se depreció en la misma medida. Para el aldeano agricultor, esto equivale a una hiperinflación de los precios de los bienes que estaba acostumbrado a comprar usando el grano que cultivaba. Hasta ahora, India y otros países similares han mantenido controles sobre la importación de alimentos y han controlado artificialmente el precio de los alimentos (grano). Pero tales movimientos han tenido un efecto secundario inevitable sobre la productividad, proporcionando en esencia un incentivo para que las personas dependientes de la agricultura sigan siendo dependientes de la agricultura, en lugar de aprender una nueva habilidad. En ausencia de algún plan para resolver el problema del metaconocimiento, sobra señalar que no está claro si habrían sido capaces de aprender nuevas habilidades aunque el gobierno no hubiera interferido en las fuerzas del mercado. Si los controles del gobierno se hubieran eliminado y se hubiera dejado sin resolver el problema del metaconocimiento, es fácil que se hubiera producido una hambruna masiva o rebeliones violentas.

Ayuda de primera necesidad titulizada

Así que, en lugar de centrarse en si las respuestas pasadas de un gobierno a los cambios rápidos en el valor relativo del conocimiento fueron apropiadas, podríamos intentar anticipar el problema del conocimiento y de las ayudas sociales, y formular modos que nos ayuden a descubrir caminos hacia un futuro más productivo. En primer lugar, sería necesario crear y probar una estructura como los Valores Respaldados por el Conocimiento. Pero, dado que es poco probable que todas las personas vayan a ser capaces de volver a formarse y encontrar empleo inmediatamente, hay también motivos para pedir un impuesto negativo sobre la renta como la *Poor Law* del siglo XVII en Inglaterra, tal y como sugirió Hayek. Pero, dado que los países pobres no pueden permitirse gastos tan amplios, una estrategia alternativa sería proporcionar garantías de ingresos mínimos como préstamos, y proporcionarlos a través de las escuelas de formación que facilitan la adquisición de nuevas habilidades, de forma que todas las personas que reciban esa ayuda también estén recibiendo esa formación y la necesidad de asistencia desaparezca con el tiempo. Estos créditos de ayuda social pueden ser creados por cualquier gobierno, independientemente de los recursos que tenga, ya que es dinero de crédito que se está creando. La carga es soportada por la moneda, no por el presupuesto fiscal. Tales ayudas también tendrían el efecto de estimular la demanda local y crear una oportunidad para que los emprendedores suministren esa demanda de forma coherente con los deseos de cada comunidad local. Lo único con lo que es necesario tener precaución es que todos los préstamos deberían ser titulizados y negociados públicamente, de forma que el mercado exija la divulgación de datos y se asegure la monitorización espontánea del desempeño de la escuela de formación.

Monedas privadas

Normalmente, las monedas tradicionales de los países en desarrollo se ven lastradas por préstamos poco transparentes de los que nadie responde. Como alternativa a esperar a que se lleven a cabo las regulaciones y reestructuraciones necesarias, es posible que surjan grupos privados que creen sus propias unidades de contabilidad sintéticas y empiecen a crear un suministro competitivo de dinero a través de préstamos avalados por algún activo. Idealmente, es deseable que exista una única unidad contable global basada en un sistema coordinado de información, pero también son posibles muchos sistemas de información y unidades de contabilidad sintéticas. Antes de que transcurra mucho tiempo, probablemente el mercado inventará algún modo de intercambiar dichas monedas, ya que un activo es un activo, y habrá gente dispuesta a pagar algo por ese activo basándose en su historial de rentabilidad. Pero la conclusión es que las teorías se pueden probar incluso en pequeñas regiones aisladas mediante la creación de una moneda sintética local y permitiendo que un número ilimitado de participantes bancarios creen únicamente préstamos avalados por activos. Entonces se pueden llevar a cabo experimentos de desarrollo en varios lugares, y las buenas prácticas tenderán a extenderse espontáneamente con la ayuda de centros de formación a los que se puedan exigir responsabilidades y donde se enseñen esas buenas prácticas.

Capacitación de emprendedores

Los centros de formación que probablemente serían más efectivos son aquellos que desarrollan las teorías y las prácticas de emprendimiento más eficazmente. Las discusiones hayekianas de este libro podrían proporcionar algo de perspectiva, pero seguro que son incompletas. El proceso de descubrimiento puede ser largo y complicado en cada comunidad local, pero comprometiéndonos con el descubrimiento en lugar de buscar profesores infalibles que nos muestren cómo triunfar, tendremos una oportunidad mejor de descubrir métodos efectivos de emprendimiento.

Dichas escuelas para emprendedores también podrían ofrecer microcapital riesgo como préstamos de riesgo, además de pagar las tasas académicas y lo necesario para la subsistencia básica. De hecho, tales experimentos han demostrado tener éxito siguiendo la senda marcada por un brillante experimento llevado a cabo por Grameen Bank inicialmente en Bangladesh, y utilizado ahora por muchos bancos en numerosos países en vías de desarrollo. Pero el programa de Grameen Bank y otros proyectos de microcréditos no usaron la herramienta de la titulización.

Históricamente, la titulización ha estado restringida a los préstamos que implicaban cantidades masivas de capital, a menudo porque la cantidad de tecnología de la información e investigación necesarias para formalizar un contrato es prohibitivamente cara. Pero las nuevas herramientas automatizadas para gestionar los contratos de titulización, como el programa al que se hace referencia en la bibliografía de este libro, logran que el coste de diseño y gestión de los contratos sea muy inferior, y democratiza la herramienta de titulización. Al usar la titulización, incluso los programas de microcréditos pueden llegar a ser más eficientes con el conocimiento y gestionar el riesgo a un coste lo suficientemente bajo.

Epistemología para capitalistas de riesgo

Este aspecto de la gestión del conocimiento en la titulización es mucho más importante que el papel tradicional de la titulización utilizada únicamente para descargar activos de la cartera de un banco. Ya no se hace necesario saber exactamente qué proyectos funcionarán, sino que simplemente se financian en grandes números y se estudian los datos para ver cuáles deberían recibir más financiación y cuáles deberían cerrarse por no ser rentables. Al titulizar las inversiones, se pueden gestionar los riesgos y esperar que el rendimiento neto siga siendo positivo. En el proceso descubriríamos qué tipos de negocios son compatibles y sostenibles dentro de cada cultura.

Al titulizar capital riesgo de todo tipo, desde pequeños microcréditos a proyectos a mediana y gran escala, se pueden gestionar incluso los riesgos inherentes al capital riesgo. Por ejemplo, si un capital riesgo desembolsa 100 millones de dólares para financiar varias iniciativas y después crea un tramo sénior de 50 millones de dólares que se queda con el primer 25% de cualquier beneficio, fácilmente podría vender el tramo sénior de 50 millones a inversores que desean el potencial de la alta rentabilidad, pero quieren aislarse de los riesgos. Se puede crear cualquier número de tramos para separar varios tipos de riesgos y ofrecer distintos niveles de exposición al riesgo y recompensa potencial. Incluso los inversores minoristas posiblemente prefieran invertir en tramos titulizados de agrupaciones de valores de renta variable (negociados pública o privadamente), de forma que no tengan que poseer clarividencia infalible para saber en qué valores invertir. La titulización del capital riesgo es probablemente esencial en las economías en desarrollo, donde la demanda culturalmente específica aún está por descubrir, pero es también una herramienta útil contra la falibilidad para cualquier inversor de capital riesgo en cualquier economía. Con demasiada frecuencia vemos a inversores de capital riesgo que tienen una «estrategia» y que afirman que «saben» exactamente qué tipos de negocios funcionarán. En lugar de eso, un inversor de capital riesgo que estudie un poco de epistemología hayekiana debería saber que estas teorías siempre serán falibles. Para protegerse contra la falibilidad, precisamente lo que hay que evitar son las estrategias específicas que se centran en un aspecto en lugar de intentar encontrar emprendedores que entiendan su negocio mejor que lo que nunca lo entenderá el inversor de capital riesgo, y diversificar el riesgo a un nivel diferente al ensanchar los tipos de inversiones que se hacen.

Aquí la titulización es la herramienta más precisa de gestión del conocimiento y del riesgo, necesaria para manejar la falibilidad. El motivo por el que funciona es el mismo motivo por el que funciona la mayoría de la ciencia: se concentra con fuerza en los datos de todas las fuentes posibles y permite interpretaciones diferentes y competitivas de los datos. Confiar en los datos no garantiza teorías infalibles, pero dada la suposición de que el universo material existe y nos suministra datos sobre su naturaleza, lo que debemos hacer es permitir que las teorías competitivas combatan entre sí para descubrir cuáles son más precisas. Y, aunque siga habiendo teorías incorrectas, podemos minimizar el riesgo agrupando los riesgos y dividiéndolos de distintas formas, de manera que aquellos dispuestos a asumir riesgos lo hagan, y los que aún no pueden permitírselo encuentren refugio. En cualquier caso, no hay garantía de que todas estas técnicas resuelvan los problemas de una sociedad global rápidamente cambiante y con un grado intenso de tecnología, pero al menos proporcionan una herramienta para progresar y aprender tanto de los éxitos como de los errores.

Apéndice I
Guía de un Racionalista
sobre Religión

La segunda mitad del segundo milenio d. C. se caracterizó por un profundo cambio en la actitud de las personas hacia la religión. Antes de esa época, prácticamente todas las personas del mundo creían en alguna religión y en alguna forma de Dios. Pero, con el avance de la ciencia, la lógica y la tecnología, de repente el hombre fue capaz de lograr resultados que parecían no cuadrar con las nociones previas que establecían que la voluntad de una persona no puede lograrse y siempre prevalecerá «la voluntad de Dios». El racionalismo y la geometría de Descartes se convirtieron en los abanderados de la nueva edad de la razón, en la cual la religión sería tratada como el enemigo de la verdad y la ilustración. Había muchas pruebas que sugerían que las religiones eran, de hecho, culpables de los cargos: las cruzadas y guerras sin sentido instigadas por los jefes de las comunidades religiosas, sacerdotes que abusaban de su poder sobre su rebaño para vivir rodeados de lujos, una concepción tribal del papel de las mujeres, y esclavos e infieles perpetuados al hacer confluir el poder de la religión con las muy humanas predilecciones personales de los sacerdotes y líderes comunitarios.

En el siglo XXI, la reacción a todos esos abusos inspirados por la religión parece caer en dos amplias categorías: aquellos que se declaran ateos o agnósticos y los que afirman ser «espirituales» pero no forman parte de ninguna religión organizada. Ambos bandos generalmente creen en el poder y la utilidad de la razón. Pero sigue habiendo una brecha entre el racionalismo y la visión del mundo que tienen las personas tradicionalmente religiosas. Yo intento tender un puente para cubrir la brecha y ofrecer una explicación racional para muchos de los conceptos que se pueden encontrar en las principales religiones del mundo, como el cristianismo, el islam, el judaísmo, el hinduismo y el budismo. Intento mostrar que hay una interpretación de las palabras y creencias religiosas que es diferente de la forma en que los religiosos manifiestamente criminales interpretaron los textos de su propia fe.

Primero debemos resumir los preceptos de un racionalismo que acepta la falibilidad. En las páginas anteriores utilizamos la simple deducción para establecer las siguientes teorías básicas que parecen irrefutables:

> Teorema 1: *Todas las teorías se basan en un conjunto incompleto de datos.*

> Teorema 2: *Como consecuencia del Teorema 1, todas las teorías son falibles.* Esto necesita la suposición del

> Axioma 0: *A pesar de la falibilidad de nuestras deducciones, supondremos que el universo material existe y nos proporciona datos válidos a través de nuestras percepciones.*

Aunque esto es intuitivamente obvio, la probable falibilidad del conocimiento implica que formalmente debemos llamar a esto una suposición en la cual debemos tener fe. Continuaremos utilizando esta suposición hasta y a no ser que sea refutada.

Teorema 3: *Dado que las justificaciones para la violencia o la coerción son falibles, se define la moralidad como una prohibición de la coerción y el fraude. El propósito de la ley es detallar las numerosas formas de coerción e ilegalizar formalmente cada tipo de coerción.*

Teorema 4: *Dada la demostrable falibilidad, las instituciones legales deben cumplir las garantías procesales y la presunción de inocencia al aplicar una prohibición de la coerción.*

Teorema 5: *La democracia es un proceso por el cual las personas que son coaccionadas pueden expresar dicha coerción y buscar una solución. Sin democracia, la falibilidad y las estructuras con poder inherente no permitirán a los indefensos hacer comentarios sobre la coerción.*

Teorema 6: *El descubrimiento de teorías válidas sobre la naturaleza de la realidad material se logra mejor mediante la crítica de teorías competitivas, resultando con frecuencia en la síntesis de una nueva teoría que abarca los hechos anteriormente ignorados por cada una de las teorías previas.*

Teorema 7: *Permitir una libertad de acción completa, excepto para aquellas acciones que implican coerción o fraude acelerará el descubrimiento de teorías válidas.*

Teorema 8: *La comercialización competitiva de préstamos bancarios descubrirá más eficientemente las áreas de negocio que funcionan.*

Teorema 9: *La financiación competitiva de préstamos estudiantiles y de formación en nuevas habilidades para adultos lograrán la formación más rápida y efectiva de las personas, de forma que puedan aumentar su riqueza incluso en entornos tecnológicos rápidamente cambiantes.*

Teorema 10: *La ayuda social básica a través de préstamos de cupones de alimentos para los indigentes no distorsionará el proceso de descubrimiento de conocimiento para la innovación libre y competitiva. Con la seguridad de una alimentación y nutrición básicas garantizada, la formación de adultos proporcionará un camino hacia el desarrollo económico para todos sin subsidios continuos.*

Dados estos diez teoremas y su axioma complementario, todos los cuales deberían ser aceptables para un racionalista, ahora echaremos un vistazo a los preceptos de varias religiones. Para estar seguros, omitiremos varios preceptos de estas religiones, pero tengamos en cuenta que el mensaje original de las religiones puede haber sido alterado o añadido por teólogos que podrían haber entendido erróneamente su propia fe. Yo solo afirmo que hay suficiente en cada religión para encontrar un terreno común entre el racionalismo y la religión.

Hinduismo y budismo

Merece la pena discutir primero el hinduismo, ya que es percibido como una religión politeísta. El hecho real es que el hinduismo es monoteísta y utiliza el nombre *Brahman* para designar la noción de un solo Dios. Todos los demás «dioses» del panteón hinduista son considerados únicamente aspectos del único *Brahman*. El hinduismo moderno es en realidad un movimiento de reavivamiento que comenzó en el siglo VIII d. C., antes del cual el budismo había reemplazado ampliamente al hinduismo en el subcontinente indio. El fundador del movimiento de reavivamiento fue Sankara, quien, en el siglo VIII d. C., recorrió el país explicando su interpretación del conocimiento casi extinto contenido en los Vedas, una interpretación que denominó *Advaita* o No Dualidad, que es el concepto central de los Vedas. Fundó cuatro centros para la investigación académica de los Vedas, los cuales, en el transcurso de los siguientes 400 años, fueron el motor del reavivamiento hindú. Sin embargo, en el siglo XI, Sri Ramanuja derrumbó la interpretación convencional que había hecho Sankara de los Vedas y ofreció una forma enteramente nueva de interpretar los Vedas que llamó *Visista Advaita*, o «Una teoría especial de la No Dualidad». La principal diferencia era la definición de verdad. Según Sankara, el concepto de *Maya* significa que la realidad material es una ilusión y realmente no existe. Como consecuencia, afirmaba que el concepto de *Brahman* o realidad última equivalía a la conciencia humana iluminada. Dios o *Brahman* era una entidad similar al hombre, pero una entidad con la que cualquier ser humano se podía hacer uno a través de la obtención de iluminación. Ramanuja encontraba esta interpretación totalmente inadecuada. Define la palabra «Dios» diciendo: «El universo material es el cuerpo de Dios». Para el racionalista, esto implica que decir «Dios existe» no es más aventurado que decir «la realidad material existe». Así, para Ramanuja *Maya* se refiere al hecho de que las interpretaciones humanas de nuestras percepciones son falibles. Pero, a pesar de la falibilidad, debemos asumir que el universo material es real; esto es, debemos tener fe en que el universo material existe, que «Dios» existe. Esto se corresponde exactamente con las deducciones racionales que hacemos usando la incompletitud, la falibilidad y la lógica.

Ramanuja prosiguió e hizo otras interpretaciones de los Vedas usando los axiomas gemelares que dicen que el universo material es real, pero nuestras deducciones son falibles. Explicó la diferencia entre *vidya* o conocimiento, y *sat* o verdad. La verdad es lo que existe: el universo material. El conocimiento son nuestras interpretaciones de nuestras percepciones de la verdad, de la realidad. Pero cada teoría que tenemos puede ser verdadero (*sat*) o falso (*asat*). Sostener una creencia falsa es, por lo tanto, descrito como *avidya*. Para distinguir entre *vidya y avidya*, Ramanuja recomendó la herramienta de la crítica o la discriminación. Dijo que, aunque «Dios» (el universo material) era solo uno, no es homogéneo. De hecho, Dios (la realidad) es infinitamente heterogénea y el cerebro humano es un dispositivo que en esencia es capaz de percibir las diferencias. Las palabras son lo que asignamos a las diferencias percibidas, y el lenguaje evoluciona basándose en percepciones de la diferencia incluso más sutiles.

La otra desviación principal de las interpretaciones de Sankara era la interpretación de la frase védica *Tat tvam asi*, o «¡Tú Eres eso!». La corriente general del hinduismo post-Sankara lo interpreta de forma que significa que la conciencia individual es Dios, esa conciencia que precede a la existencia material. Ramanuja le dio vueltas a eso en la cabeza y dijo que simplemente significa que nosotros, como individuos, también existimos en el mundo material y, por lo tanto, somos parte de Dios (realidad material), no somos todo lo que es Dios, pero, dado que existimos materialmente, somos una parte de Dios. Pero los seres humanos (o cualquier ser sintiente que tenga un motor de percepción como el cerebro y lo utilice para desarrollar un lenguaje) somos, con toda seguridad, una parte especial o divina de la realidad. Por lo tanto, la sintiencia es algo que posee distintos grados: incluso los animales tienen cerebro y perciben la realidad, pero no tienen lenguaje. El grado final de sintiencia es un ser que comprende que está usando el cerebro y el lenguaje y entiende la relación entre la realidad (*sat*) y el conocimiento (*vidya*) de la realidad. La frase *Aham Brahman* o «Yo soy (una parte de) Brahman/Dios» afirma la importancia y carácter único de la sintiencia (*chit*) como diferente de la insintiencia (*achit*).

Las derivadas budistas del hinduismo utilizan el concepto de falibilidad para despegar a la persona de las necesidades materiales. Pero en el Bhagvad Gita, el hinduismo reitera que, aunque uno no necesita estar demasiado apegado a nada, esto no significa que la iluminación vaya a llegar a través de la meditación pura y despegada. Únicamente implicándose en la realidad e interactuando con ella uno puede entender la verdad de la falibilidad de la voluntad y conocimiento propios, y la supremacía de la realidad material. Leer palabras e ignorar la realidad material es insuficiente y solo puede llevar a interpretaciones erróneas. Uno debe ejercer su voluntad libre y falible, y ver cuáles de las cosas que deseamos son coherentes con la realidad y cuáles tienen consecuencias adversas e imprevistas. Entonces, cada persona encuentra un camino único y personal hacia la iluminación que es más adecuado para las experiencias y situaciones a las que se enfrenta cada persona. Pero, dadas la incompletitud y la falibilidad, puede haber muchas cosas que una persona desea pero es incapaz de conseguir; ante esto, uno puede usar las técnicas de desapego para aceptar que la realidad tiene su propio camino y, en lugar de eso, uno podría alejarse de los logros y limitarse a contemplar los numerosos y maravillosos aspectos de la realidad y la naturaleza.

A la luz de la falibilidad, el libre albedrío es también el método mediante el cual las personas pueden construir una cultura y una sociedad sostenibles. Aquí es donde entra en juego el concepto de no violencia: *ahimsa*. Las acciones que no coaccionan a otro individuo sintiente no tienen consecuencias adversas. Tales acciones libres no coercitivas que se vuelven populares e imitadas forman la base de una cultura y son el medio hacia la prosperidad y la riqueza de la vida. Y, por el contrario, cualquier acto de coerción contra otra persona tiene consecuencias adversas (*karma* adverso). Esta ley natural (*dharma*) está basada en las consecuencias variadas de una prohibición de la coerción. Una sociedad se hace más compleja, se pueden discernir nuevas leyes usando el principio de que la coerción es lo que se necesita permitir, pero debe darse dominio total al libre albedrío más allá de esa restricción. Pero se debe tener en cuenta que la ley (*dharma*) se discierne observando críticamente la naturaleza de la realidad, no debe decidirla arbitrariamente un individuo o un grupo falible.

Judaísmo y cristianismo

Volviendo ahora la vista hacia cristianismo, el aspecto clave para el lector racionalista es ver que Jesús hablaba de lo que creía que era la interpretación correcta de las escrituras judías. Esto es, no negaba que Dios/realidad impulsó a Abraham y Moisés a hablar de lo que ellos discernían que era la verdad, sino que simplemente decía que las interpretaciones populares de la época eran incorrectas en algunos aspectos. Reconocía que hablaba del mismo Dios. Si vemos que la realidad material es ese «Dios», entonces no es en absoluto irracional acordar que todos ellos hablaban de la misma fuente de conocimiento; la realidad material había estado siempre allí, seguía allí y siempre estaría allí, y su naturaleza básica no había cambiado y nunca cambiará.

El Nuevo Testamento de la Biblia se entiende mejor como un conjunto de tesis escritas sobre los aspectos de los que hablaba Jesús. Dado que fueron escritas por seres humanos falibles, uno puede esperar que haya interpretaciones erróneas de los temas sobre los que realmente hablaba Jesús. Por ejemplo, si lo que se quiere decir con el término «Dios» es realidad material, entonces no es irracional aseverar que Dios existe, y que solo existe un Dios. Muchas de las otras frases atribuidas a Jesús también se pueden reinterpretar usando los conceptos de realidad material como Dios, y el conocimiento humano como interpretaciones falibles de percepciones de la realidad. El evangelio de santo Tomás es una de dichas fuentes de frases atribuidas a Jesús; que este evangelio atribuido a uno de los apóstoles de Jesús quedara fuera de la Biblia es una consecuencia de la dificultad a la que se enfrentan las personas al interpretar las palabras de Jesús. Después de todo, Judas Tomás Dídimo era conocido como Tomás el incrédulo, así que no es irrazonable suponer que era el mejor pensador crítico entre los seguidores de Jesús. Su evangelio contiene algunos dichos que están presentes en otros evangelios y otros que no aparecen en ellos. Estos son algunos fragmentos con sus interpretaciones racionales falibilistas:

> Dijo Jesús: «Si vuestros guías os dicen que el Reino está en el cielo, los pájaros os precederán. Si os dicen que está en el mar, entonces los peces os precederán. El Reino está dentro de vosotros y fuera de vosotros. Cuando os lleguéis a conocer, entonces seréis conocidos y sabréis que vosotros sois los hijos del Padre viviente. Pero si no os conocéis a vosotros mismos, estáis sumidos en la pobreza y sois la pobreza misma.

Dada la definición de Dios como toda la realidad material, esta afirmación es muy obvia. El «Reino de Dios» no está en otro lugar; está en todas partes, dentro de nosotros y a nuestro alrededor. Cuando nos conozcamos a nosotros mismos —ya que nuestro conocimiento es falible debido a la naturaleza de nuestro cerebro, percepción y lenguaje— entonces comprenderemos que somos parte de la realidad (hijos del Padre). Si no nos conocemos a nosotros mismos —si pensamos que nuestras opiniones son infalibles— esto nos arrastrará a numerosos actos de coerción contra otros y, en última instancia, contra nosotros mismos.

> Dijo Jesús: No vacilará un anciano a su edad en preguntar a un infante de siete días por el lugar de la vida y vivirá. Pues muchos que son primeros serán los últimos y se convertirán en uno solo».

De nuevo, la falibilidad del conocimiento es un hecho vitalicio. Sin embargo, dado que la realidad material es real, las percepciones de todos, incluso las de un niño pequeño, son importantes y contienen información sobre la realidad. Es conveniente que incluso el hombre más sabio pregunte al más ignorante cuáles son sus opiniones. Después de todo, esas opciones están ahí debido a las impresiones creadas en esa mente por algunos aspectos de la realidad que el hombre sabio puede haber pasado por alto. Al preguntar e interrogar, el hombre sabio puede descubrir incluso más sobre la realidad/Dios.

> Dijo Jesús a sus discípulos: «Haced una comparación y decidme a quién me parezco».
>
> Díjole Simón Pedro: «Te pareces a un ángel justo».
>
> Díjole Mateo: «Te pareces a un filósofo, a un hombre sabio».
>
> Díjole Tomás: «Maestro, mi boca es totalmente incapaz de decir a quien te asemejas».
>
> Respondió Jesús: «No soy tu maestro, ya que has bebido y te has embriagado del manantial burbujeante que yo mismo he medido».
>
> Y lo tomó consigo, se retiró y le dijo tres palabras. Cuando Tomás volvió junto a sus compañeros, estos le preguntaron: «¿Qué te dijo Jesús?»
>
> Tomás respondió: «Si os dijera siquiera una de las palabras que me dijo, cogeríais piedras para lapidarme; entonces saldría fuego de ellas y os abrasaría».

Se trata de una historia interesante de por qué es posible que Jesús no pudiera hablar tan claramente dentro de la lógica y la materialidad que es un lugar común hoy en día. La visión del mundo de las gentes de esa región en aquellos días era tal que probablemente habrían enloquecido al escuchar que la realidad era Dios. Lo que probablemente intentara hacer Jesús es hablar de la falibilidad y la materialidad en términos que fueran bien entendidos y asumidos por esa comunidad y en esa época. También deja claro que no es él quien está enseñando; está intentando decir que la realidad enseñará a todos aquellos que la acepten y se impliquen en ella. Las acciones tienen consecuencias y, al vivirlas, siempre aprenderemos las mismas lecciones en toda época pasada y toda época por venir.

> Dijo Jesús: «La paja en el ojo de tu hermano sí que la ves, pero la viga en el tuyo propio no la ves. Cuando saques la viga de tu propio ojo, entonces verás claramente para quitar la paja del ojo de tu hermano».

De nuevo, esto está claro cuando se considera la falibilidad. Hasta que reconozcamos que nuestras propias opiniones son falibles, no podemos eliminar ninguna ilusión infalibilista que puedan sufrir nuestros hermanos.

> Dijo Jesús: «Yo estuve en medio del mundo y me manifesté a ellos en carne. Los hallé a todos ebrios y no encontré entre ellos siquiera uno sediento. Y mi alma se apenó por los hijos de los hombres, porque están ciegos en sus corazones y no ven que vacíos han entrado en el mundo y vacíos están destinados a salir de él. Mas ahora están ebrios. Cuando hayan expulsado el vino, entonces se arrepentirán».

La mente humana encuentra difícil asimilar la lección de su propia falibilidad. No le interesa aprender más sobre la falibilidad. El cerebro es químicamente adicto a saber con certeza y no escucha fácilmente a aquellos que afirman lo contrario. En ese sentido, las personas están ebrias. Cuando se despierten y comprendan lo falible de sus opiniones, cesarán en su coerción hacia otros.

> Dijo Jesús: «El que la carne haya llegado a ser gracias al espíritu es un prodigio; pero el que el espíritu haya llegado a ser gracias al cuerpo, es prodigio de prodigios. Y yo me maravillo cómo esta gran riqueza ha venido a alojarse en esta pobreza».

Este es un comentario directo que afirma que la realidad precede a la conciencia. Cuando una persona comprende al fin que lo material es lo primario y empieza a estudiar la realidad con humildad, incluyendo a las personas, entonces es con toda seguridad una maravilla. Sin embargo, no nos mostramos dispuestos a aceptar esta verdad básica y vivimos con las consecuencias de los actos coercitivos que nos justificamos a nosotros mismos como necesarios.

> Dijo Jesús: «Los fariseos y los escribas recibieron las llaves del conocimiento y las han escondido: ni ellos entraron, ni dejaron entrar a los que querían».

Este es un comentario que ataca a las instituciones que se alzan después de que cualquiera predique con éxito las consecuencias de la falibilidad. Los sacerdotes que buscan poder lo convierten en un dios antropomórfico y se posicionan como los conocedores del conocimiento verdadero e infalible.

No entrarán en la ilustración del racionalismo falible y tampoco permitirán que entren todos.

> Le dijeron sus discípulos: «¿Cuándo sobrevendrá el reposo de los difuntos y cuándo llegará el mundo nuevo?» Él les dijo: «Ya ha llegado lo que esperáis, pero vosotros no caéis en la cuenta».

De nuevo, esto es la negación del cielo como un lugar diferente a la realidad material en la que ya estamos. Solo necesitamos darnos cuenta.

> Dijo Jesús: «Bienaventurados los pobres, pues vuestro es el reino de los cielos».

Esta es una percepción de que las personas que son pobres conocen íntimamente que su conocimiento es falible y que la realidad material es real. Las personas ricas y poderosas no lo reconocen fácilmente porque con frecuencia logran hacer su voluntad, a menudo a expensas de una coerción conocida o desconocida.

> Dijo Jesús: «Quien haya conocido el mundo, ha descubierto el cuerpo. Y quien haya descubierto el cuerpo, de este no es digno el mundo».

De nuevo, la aseveración de que el descubrimiento de la naturaleza de la realidad material y nuestra propia naturaleza física y mental es verdadera ilustración. Pero es ingrato en un mundo de personas ebrias de opiniones infalibilistas.

> Simón Pedro les dijo: «Que se aleje Mariam de nosotros, pues las mujeres no son dignas de la vida».

> Dijo Jesús: «Mira, yo la guiaré para hacerla varón, de manera que también ella se convierta en un espíritu viviente semejante a vosotros los hombres. pues toda mujer que se haga varón entrará en el Reino de los Cielos».

Se trata de un comentario de igualdad de género, moderno para su tiempo. Una mujer tradicional podría mantenerse resguardada en la falsa seguridad de suponer que sus opiniones son infalibles siempre que hubiera un hombre que la protegiera y permaneciera vigilante ante los acontecimientos inesperados de un mundo incierto. Pero cuando las mujeres eligen ser «varones» o, en otras palabras, cargar con las responsabilidades que se adquieren al maniobrar a solas en un mundo incierto, asumir riesgos y aun así seguir actuando sin coaccionar a otros, entonces se convierte en ilustrada en todos los aspectos.

Hay muchas más citas del evangelio y, con el tiempo, debería ser posible encontrar una interpretación para muchas de ellas a la luz de la materialidad falible, y desechar algunas como interpretaciones erróneas debidas a la debilidad demasiado humana de los escritores. Pero hay suficientes similitudes para sugerir que la experiencia en el mundo real fue lo que empujó a los profetas judíos y cristianos a decir lo que dijeron en el contexto de su época. La definición de la palabra «Dios» como realidad material en sí misma aporta racionalidad a vastas extensiones de escritura mística.

Islam

Volviéndonos ahora hacia el islam, primero debemos decidir cuál de los escritos analizaremos con más atención. El islam cuenta con dos fuentes primarias de conocimiento: el Corán, que es la palabra de Dios hablada a Mahoma, y el Hadiz, que es la narración de la vida de Mahoma tal y como la relataron varios sacerdotes después de la muerte de Mahoma. Está claro que, al igual que en los análisis védicos y bíblicos anteriores, se puede esperar que existan muchos errores e intrusiones coercitivas de opiniones humanas falibles en el Hadiz, y, por lo tanto, nos podemos centrar en las palabras que Mahoma afirmaba provenían de Dios/verdad/realidad. Pero también es cierto que el Hadiz contiene muchos dichos sabios. No obstante, aunque una lógica basada en la fe dicta que, con el fin de inferir cuáles son correctos y cuáles incorrectos, se deberían examinar críticamente y eliminar cualquiera que contradijera las palabras fundamentales del mismo Corán. De hecho, antes de la invasión de los cruzados europeos, en todos los países musulmanes había libertad de culto para todas las fes, libertad de debate de todos los asuntos, garantías procesales legisladas y respeto a la libertad individual. Se esperaba que la fe en el Corán fuera una cuestión de elección y no de fuerza.

El postulado central del islam es el mismo que el del racionalismo falibilista, esto es, que el conocimiento humano es falible. Desde ahí, el razonamiento conduce a las mismas conclusiones del liberalismo moderno que ya discutimos en los teoremas al inicio de este ensayo. El Corán contiene muchas exhortaciones a conservar la fe en que la voluntad de Dios es lo que es verdadero y la voluntad individual es falible. Dice que aquellos que persistan en ilusiones infalibilistas acabarán mal. Pero, al igual que cualquier otra religión, y especialmente después del trauma de las ingentes y sangrientas invasiones procedentes de Europa en la Edad Media, el poder tiende a acabar usurpado por los sacerdotes que son dictadores que se imaginan que tienen conocimientos infalibles. Con el islam, es irónico que sostengan en alto el mismo libro que enfatiza la falibilidad del individuo a la vez que afirman que su palabra es ley.

El segundo punto de apoyo del islam es el énfasis en la ética. No se considera permisible que un musulmán actúe de forma poco ética. La cuestión es reconciliar el segundo postulado del islam con el primero, que dice que el conocimiento es falible. Si uno se guía por el Hadiz, el cual actualmente incluye afirmaciones tanto sabias como disparatadas, y concluye que solo es ética la vida totalmente acorde con el Hadiz, y que los demás actos no son éticos, entonces estaríamos dependiendo de las palabras y acciones de hombres falibles, en lugar de confiar en la palabra de Dios según Mahoma. Pero, al igual que las demás religiones y el moderno liberalismo, el islam coincide en que la coerción de cualquier persona es errónea. Esta definición de ética como la libertad total de acción siempre que no coaccione a otras personas es compatible con todas las «palabras de Dios», y sin embargo también puede justificarse de forma puramente racional.

En la Edad Media, la ley islámica era extremadamente consciente de la falibilidad y era fiel a la presunción de inocencia y las garantías procesales para todos. Las dictaduras modernas nominalmente islámicas no están en realidad alineadas con ninguno de estos dos preceptos básicos del islam, y sus dictadores están poseídos por sus propias ilusiones infalibilistas; en términos islámicos, están bajo el yugo del demonio y no en manos de Dios.

La tercera pata del islam, al igual que en el cristianismo en algunos aspectos, es la absoluta necesidad de una ayuda social básica. La pobreza abyecta está considerada completamente inaceptable y contraria a todo lo que es sagrado. Pero, aunque en las sociedades islámicas esto se logra a través de la caridad, también conduce a una concentración de poder que puede distorsionar el proceso de descubrimiento del mercado. Con los préstamos en forma de cupones de alimentos puestos en marcha por un gobierno democrático se puede conseguir el mismo resultado de ayuda social básica junto con la conservación del descubrimiento competitivo de técnicas siempre más productivas.

Uno de los aspectos del islam que es relevante para el liberalismo moderno es el tratamiento de la banca. Sostiene que la banca con responsabilidad ilimitada del prestatario no es ética. En lugar de eso, un aspecto de la banca islámica llamado *salam* permite una forma de préstamo ligado a un aval con un activo en particular. Así, el riesgo de impago solo va asociado al activo consignado y no a todos los ahorros y activos del prestatario. Por ejemplo, un granjero puede vender parte de la cosecha del año siguiente con un descuento sobre el valor de mercado esperado para la cosecha. Si la cosecha falla, el acreedor debe absorber la pérdida. Esto es idéntico al mercado moderno de titulizaciones respaldadas por activos en la banca. Si un propietario de una casa acumula un impago de su hipoteca, perderá la casa, pero obtendrá cualquier dinero sobrante de la venta de la casa después de devolver el dinero al prestamista. Los préstamos respaldados por activos, como se discutió en la sección principal de este manuscrito, son por lo tanto completamente compatibles con los preceptos de la ética bancaria islámica y, de hecho, se practicó en todo el mundo islámico incluso en los días de Mahoma. Y, como se ha argumentado en el libro, la banca respaldada por activos se guía por los datos, en lugar de hacerlo por las relaciones: cualquiera que cumpla los criterios obtendrá el préstamo, no solo los amigotes del banquero. La discrecionalidad es la principal fuente de conducta sin ética en la banca moderna, y su declive aumenta de hecho la seguridad de la banca y del sistema monetario, al usar datos para asegurarse de que la calidad de los préstamos concedidos es alta.

El aspecto restante del islam que es relevante para esta discusión es la educación. La educación es muy valorada en los países islámicos. Antes de las cruzadas, en los primeros días del islam, la educación era liberal y permitía puntos de vista discrepantes, debates y participación de eruditos de todas las fes. Los países musulmanes fueron los que preservaron los clásicos griegos: Sócrates, Platón y otros. Sin esta conservación y sin su recuperación por parte de sociedades secretas existentes entre los cruzados, la Ilustración occidental, el liberalismo y el progreso científico resultantes nunca habrían podido suceder. Pero, para conservar un sistema educativo que se cuestiona constantemente la sabiduría convencional y busca teorías aún mejores de la realidad, la competición es esencial. Por lo tanto, el sistema de préstamos titulizados para la educación que se negocian públicamente sería coherente con el precepto central de la falibilidad en el islam. Los préstamos a la educación también son en esencia préstamos respaldados por activos, en los que el activo es el conocimiento que se imparte al individuo. Si el conocimiento es bueno, entonces esa persona será capaz de ganar lo suficiente para devolver el préstamo. En caso contrario, el acreedor tendría que soportar la pérdida. Dado que la responsabilidad de la calidad de los préstamos recae sobre los acreedores, que son competidores de éxito, la calidad de los préstamos será mayor, porque están en mejor posición que el estudiante ignorante para saber qué cursos financiar.

De este modo, los preceptos principales del islam de falibilidad, ética, ayuda social, banca ética y educación son todos ellos preceptos compatibles con el liberalismo moderno. Combinados con las discusiones sobre la realidad material de Dios para dar sentido a los escritos religiosos y a las percepciones de otras religiones, desde el hinduismo al cristianismo, se establece un caso convincente para que los racionalistas modernos entiendan la religión de un modo que fue impensable durante mucho tiempo. Al crear una conexión entre la sabiduría antigua y la ciencia moderna, se hace posible resolver los malentendidos que han causado injusticias y numerosas guerras innecesarias.

APÉNDICE II—ARTÍCULOS

Aunque la totalidad de este manuscrito abarca demasiados temas para que puedan ser asimilados sin una continua experimentación con la realidad para verificar su contenido, unos cuantos temas fundamentales son lo bastante esenciales como para garantizar su publicación como artículos independientes sin necesidad de recurrir a las teorías subyacentes.

Sobre cupones para alimentos y los mercados libres

Karun Philip

Aunque la guerra parece inminente y ocupa centímetros y centímetros de columnas de los periódicos en todas partes, la perspectiva de hambrunas masivas para los civiles afganos debería traer a la luz el asunto importante de la seguridad del acceso a los alimentos para todos. Incluso en India, donde los silos del sistema de distribución pública están llenos de comida, aún hay personas que sufren privaciones y no tienen acceso a alimentos. El primer ministro Vajpayee anunció recientemente como consecuencia de las supuestas muertes por inanición de Orissa: «Estamos decididos a garantizar que nadie se vaya a dormir sin comida». Muy bien, pero, ¿cómo se puede hacer de la manera más eficiente?

Ni el capitalismo del libre mercado ni el socialismo en sus distintas versiones han tenido éxito a la hora de garantizar una buena nutrición para todos. Pero un sistema que ha funcionado en Occidente son los cupones de alimentos. Se trata de un sistema mediante el cual las personas que están por debajo de un determinado nivel de ingresos reciben cupones para comprar comida en los lugares que ellos deseen. El gobierno establece un fondo para reembolsar a los minoristas de alimentación los cupones canjeados. Se han presentado muchas objeciones a los programas de cupones de alimentos, pero dado que este ha sido el único sistema exitoso del mundo, debemos volver al tablero de diseño y analizar si dichas objeciones son válidas.

«Los sistemas de cupones de alimentos son susceptibles de provocar fraudes y estafas».

Es cierto. Pero una burocracia planificada centralizadamente como el Sistema de Distribución Pública (PDS) indio es incluso más susceptible al fraude. Y la llegada de Internet proporciona una forma sencilla de prevenir el fraude: las personas pueden registrarse en el programa de cupones de alimentos y este puede almacenar su información personal y su fotografía. Los cupones para alimentos que se les asignan pueden tener números de serie y el encargado de la tienda que acepta el cupón puede teclear el número en cualquier terminal conectado a Internet para comprobar que ese cupón se emitió para esa persona. Con toda seguridad, habrá gente a la que se le ocurran formas de defraudar al sistema, pero con inventiva y tecnología podemos progresar hacia un sistema prácticamente inquebrantable o, al menos, hacia un sistema que pueda detectar el fraude después de suceder, rastrear a los criminales y encerrarlos en prisión.

«El beneficio obtenido por la cadena de suministro y los minoristas privados de alimentos elevará los costes».

Al contrario, la competencia hará lo que hace siempre: innovar constantemente y producir a precios aún más bajos. Una burocracia planificada centralizadamente nunca puede reducir el coste del usuario final porque no tiene incentivos para innovar ni competencia de la que tomar prestadas las innovaciones.

«Las personas se volverán perezosas y se desmotivarán si consiguen alimentos gratis».

Este argumento es absurdo. En primer lugar, incluso aunque fueran seres humanos capaces de quedar satisfechos solo con comida y nada más, ese inconveniente no es nada comparado con las hambrunas masivas, la malnutrición y la reducción de capacidades físicas y mentales a consecuencia de la mala nutrición. Pero es muy poco probable que las personas se queden satisfechas solo con comida, y lo único que les proporcionará será una sensación de seguridad que les permitirá sobrevivir al proceso de globalización, que es probable que elimine sus trabajos tradicionales. Al proporcionar seguridad de nutrición, las personas podrán tener el valor de salir y aprender nuevas competencias que les ayudarán a ganar bastante más de lo que podrían ganar en la época premoderna.

«Los países pobres no tienen recursos para proporcionar cupones de alimentos al enorme número de pobres».

Esto es cierto en algunos países, pero no en India, donde Vajpayee anunció recientemente un presupuesto de almacenamiento de 100.000 millones de rupias para la seguridad alimentaria. Pero incluso en los países más pobres hay otra forma de financiar un programa global de cupones de alimentos. En mi empresa estamos trabajando en software para lo que se ha convertido en la innovación con el crecimiento más rápido de los servicios financieros: la titulización del crédito. Este concepto se puede utilizar también para financiar los cupones de alimentos, proporcionando dichos cupones como préstamos de riesgo en lugar de como subsidio. Después, cuando las personas comienzan a obtener ingresos por encima de determinado umbral, se esperaría de ellos que devolvieran el préstamo. Este dinero se devolvería al conjunto de préstamos y se utilizaría para financiar a nuevos beneficiarios. Al juntar todos estos préstamos y cubrir digamos el primer 30% de impagos irrecuperables a través de subsidios directos del gobierno o fondos de ayuda internacional, el tipo de interés se puede ajustar de forma que el plan se financie a sí mismo a un tipo de interés asequible. Adicionalmente, el plan creará una base de datos de crédito al consumo de personas que de otro modo serían ignoradas. El conocimiento de quiénes son personas responsables y trabajadoras merecedoras de crédito es muy valioso para las empresas privadas. Los pagadores responsables de los préstamos de cupones de alimentos serían recompensados espontáneamente por los numerosos actores del sector privado otorgándoles más crédito, más confianza y más oportunidades. Los beneficios que se derivan de este plan serían enormes y empujarían a las economías arcaicas con escasa información hacia economías dinámicas regidas por los datos, prácticamente de la noche a la mañana.

Aquellos que apoyan los mercados libres y la globalización necesitan dar un paso y admitir que se puede combinar con una módica ayuda social, siempre y cuando la ayuda social se conceda en vales equivalentes a efectivo o a través del reaseguro de agrupaciones de clases estratégicas de préstamos, en lugar de controlar los precios y estrangular la libre empresa. Después empezaremos a ver el fin de las protestas violentas en cada cumbre sobre la globalización y el libre comercio. Entonces veremos un progreso económico más rápido y menos desgarrador en todos los países, ofreciendo como resultado un crecimiento de todas las economías con el que ganan todos. La ayuda social básica directa es un asunto cuya importancia crítica es pasada por alto por la mayoría de los sociólogos y economistas de ambos lados de la división ideológica actual. La idea es simple. La implementación es barata y posible con la existencia de Internet y las tecnologías de la información. ¿A qué estamos esperando?

Valores respaldados por el conocimiento

Karun Philip discute la premisa consistente en que llevar las finanzas estructuradas al sector privado de la capacitación profesional puede acortar el camino de vuelta a la prosperidad global.

En este artículo discuto los problemas de la teoría económica que afirma que los recortes de los tipos de interés crearán una expansión monetaria que reiniciará la economía, y después presentaré una forma que podría ayudar a sortear estos problemas.

¿A quién le prestamos?

El 2 de octubre de 2001 la Reserva Federal de EE. UU. una vez más recortó los tipos de interés al 2,5%, el valor más bajo en cuarenta años. Además, el dinero privado descansa en grandes cantidades en depósitos de efectivo. Ahora hay una gran cantidad de dinero en el sistema bancario que los economistas afirman que se prestará a bajo precio a empresas de éxito y esto estimulará la creación de nuevos empleos y nueva demanda.

Una teoría estupenda, pero ahora echemos un vistazo al estado de las grandes empresas de éxito: no parecen tener mucha prisa por solicitar préstamos porque no ven nada más que el declive de la demanda, y están rebajando costes mediante despidos, lo cual realimentará la reducción de la demanda del consumo. Hay mucha capacidad de préstamo en el sistema bancario, pero hay una falta de conocimiento sobre dónde prestar de forma rentable y segura. Y, sin crecimiento en los préstamos, no habrá crecimiento económico.

El consenso general es que habrá un periodo en el que será necesario apretarse el cinturón y no se puede evitar. El debate es simplemente si se tratará de un periodo corto de seis meses o una experiencia de una década (y siguiendo) como la de Japón.

De vuelta a la escuela

En cada gran crisis de EE. UU., la gente tiende a regresar a la escuela durante un periodo en el que han sido despedidos y les resulta difícil encontrar un nuevo empleo. Si analizamos esta sencilla muestra de sabiduría popular, podemos empezar a ver cómo un suministro eficiente de capital a esas personas para que se vuelvan a formar con competencias económicamente valiosas puede ser rentable y sostenible. Pero, en lugar de mirar hacia la educación universitaria, cuya naturaleza es generalista, necesitamos concentrarnos en las escuelas que capacitan a las personas en habilidades prácticas: estas son las escuelas que tienden a proporcionar un retorno de la inversión más predecible de su formación comparadas con los grados universitarios convencionales. Normalmente, estas escuelas proporcionan a sus estudiantes un amplio retorno del capital, pero no pueden cobrar el valor completo de su formación debido al limitado poder adquisitivo de su clientela antes de la formación.

Préstamos para cursos de formación

Pero prestar dinero para la formación puede ser un negocio seguro y rentable solo si empleamos las técnicas de las finanzas estructuradas. No puede haber garantía de que todos los estudiantes a los que se concede un préstamo vayan a poder encontrar un empleo con suficiente salario para devolver el préstamo. Pero *podemos* recopilar y analizar datos. Al formar asociaciones con escuelas de capacitación, los prestamistas pueden desarrollar bases de datos sobre la efectividad de los diversos tipos de formación en varias partes del país y para personas con distintas habilidades previas. Estos conjuntos de datos permitirán concluir cuántos impagos se esperan y, de este modo, determinar el precio del conjunto de préstamos para la formación. La escuela de formación recibirá incentivos para proporcionar esa información, ya que, una vez se hayan recogido los datos y la financiación esté disponible, es posible que incluso puedan aumentar la cantidad que cobran por la formación, siempre y cuando demuestren un claro retorno de la inversión.

Innovaciones operacionales

Desde ahí las innovaciones pueden ser infinitas. Por ejemplo:
- Hacer que las escuelas de formación profesional soporten el tramo de renta variable del contrato, de forma que les incentive a descubrir formas mejores de hacer más efectiva su formación.
- Desarrollar maneras de calificación del crédito de una escuela de formación profesional y sus posibles estudiantes para asegurar que cada tipo de persona se concentre en el tipo de perspectivas profesionales que maximicen sus aptitudes.
- Si se demuestra que la formación es lo suficientemente productiva, consolidar antiguas deudas de consumo del prestatario, como las deudas de tarjeta de crédito, junto al préstamo de formación, prestándole el coste de la formación más el coste de devolver la deuda antigua.
- Descubrir las escuelas de formación profesional adecuadas para deudores morosos de tarjetas de crédito, quienes entonces podrán

devolver la deuda antigua y tendrán además la perspectiva de adquirir un nuevo poder de tener ingresos después de la inversión en formación profesional.

- Proporcionar la posibilidad de comprobar referencias de los empleados por Internet para validar los cursos y el rendimiento de los alumnos que solicitan un empleo. Los morosos y sus impagos también pueden enmarcarse en esta comprobación de referencias.
- Proporcionar una calificación en Internet de diversas profesiones, su salario medio, las escuelas que capacitan para esas profesiones y los bancos que ofrecen financiación. Esto permitirá a la gente descubrir qué competencias se necesitan más en la economía y cómo adquirir dichas competencias.

Por supuesto, las herramientas estándar de las finanzas estructuradas también serán de aplicación: los conjuntos de préstamos a la formación se pueden subdividir formando cascadas, partes de solo intereses, etc., para personalizar la oferta de préstamos a la demanda de riesgo y retorno de la inversión en los mercados de capital.

Efectos macroeconómicos

> La recopilación de datos necesaria para desarrollar una infraestructura de Valores Respaldados por el Conocimiento (KBS, por sus siglas en inglés) supone una tarea ingente.

Pero, una vez en marcha, los efectos macroeconómicos de la recopilación de dichos datos y su uso como base para la nueva emisión de crédito deberían ser bastante impresionantes. Con el tiempo, habrá perspectivas casi infinitas de inversión en áreas que se demuestren efectivas. Cuanto mayor sea el ritmo del cambio tecnológico, mayor será la necesidad en una economía de que trabajadores actualicen sus competencias varias veces a lo largo de su vida profesional.

Las peticiones de desempleo se convertirían en prácticamente cero, porque todo el mundo estaría empleado o en una escuela de formación profesional (o no estaría buscando trabajo). El sector de la formación podría ser a la vez la fuente y el sumidero del empleo, midiendo constantemente qué tipos de trabajo y capacitación necesita la economía, y suministrando esa fuerza laboral antes de que la escasez cause cuellos de botella en la economía.

La formación profesional se volvería muy competitiva y la capacitación más efectiva sobreviviría al examen del análisis detallado de datos de Wall Street. Sin embargo, al haber liquidez disponible para mayores inversiones en formación profesional, las escuelas podrían sufragar los mejores salarios de la economía para atraer los mejores talentos para enseñar. Al haber una forma para monetizar el conocimiento de aquellos que poseen conocimientos prácticos útiles, los «hábitos de las personas muy eficientes» saldrán a la luz y se extenderán espontáneamente, ya que el mercado busca siempre mayor productividad en la formación profesional.

Las enormes repercusiones positivas de un sistema así deberían ser suficientes para que la Reserva Federal fomente los KBS hasta el punto de proporcionar liquidez a los KBS con calificación AAA, del mismo modo que compra productos hipotecarios calificados. También podría proporcionar reaseguros limitados o líneas de crédito para los conjuntos de préstamos para los empleos de la parte más baja de la escala donde, de otro modo, los impagos podrían ser demasiado altos.

En general, al invertir en préstamos de formación basándose en el mercado, las inyecciones de suministro de dinero de inversores asustados o de la Reserva Federal pueden emplearse de una forma que rescate el crédito al consumo y prepare el escenario para la recuperación de la demanda en una economía nueva, reconfigurada después de condonar las antiguas malas inversiones. La inyección en la economía de préstamos a la formación profesional monitorizados por el mercado también estimularía la inversión de capital procedente de negocios que pueden asumir con seguridad que la demanda del consumo no retrocederá indefinidamente. Aunque esta «nueva economía» continuará siendo una economía donde ningún empleo está a salvo de ser considerado redundante, también puede ser una economía en la cual, si un empleo desaparece, seguro que a la vuelta de la esquina habrá muchos otros empleos potenciales. Y si el capitalismo hace lo que mejor sabe hacer aumentando continuamente la productividad, podemos apostar a que los nuevos empleos permitirán tener un nivel de vida más alto que los anteriores.

La titulización como gestión del conocimiento

Una proposición según la cual la titulización representa el apogeo de la teoría de la economía y el crédito; razones que subyacen para su ascendencia.

Karun Philip

El objetivo de este artículo es dar un paso atrás desde las transacciones diarias del mundo de la titulización, e intentar ubicar el lugar de la titulización en la historia financiera de los últimos 250 años. Concluiré sugiriendo que el aumento de titulizaciones que estamos presenciando ha sido inevitable, y que, de hecho, continuará expandiéndose a un ritmo asombroso a lo largo de las dos próximas décadas.

Para discutir la titulización en términos de «gestión del conocimiento», primero necesitamos llegar a una definición aplicable de conocimiento. ¿Es lo mismo que datos? ¿Lo mismo que información? ¿O es algo distinto de estas materias primas? El problema de lo que constituye conocimiento válido es al menos tan viejo como Sócrates.

Afortunadamente, el siglo XX produjo algunas de las más sobresalientes investigaciones científicas sobre el conocimiento, y las tres personas con las contribuciones más significativa son, en mi opinión, tres vieneses: Kurt Gödel, matemático, Friedrich Hayek, economista y ganador del premio Nobel, y Karl Popper, filósofo de la ciencia.

Hayek y Popper trabajaron estrechamente el uno con el otro, y ambos conocían a Gödel, aunque su trabajo era más esotérico.

La contribución fundamental de Gödel fue el «Teorema de la incompletitud», que demostró que hay un obstáculo fundamental para estar en posesión de todos los hechos. Siempre se pueden descubrir piezas que faltan. Por lo tanto, todas las «afirmaciones de conocimiento» son necesariamente falibles.

Hayek describió la forma en que las sociedades se han organizado históricamente para mitigar la falibilidad, y derivada de esta, la proposición de que la planificación centralizada socialista fracasará necesariamente, algo que nadie discute hoy en día.

Las numerosas contribuciones de Popper estaban resaltadas por un compromiso hacia la comprensión de que solo hay una realidad objetiva aunque nuestro conocimiento sobre ella pueda ser o no acertado. Demostró cómo los métodos científicos en particular ayudan a combatir la falibilidad aunque sigan siendo imperfectos.

«Los tres de Viena» y la epistemología económica

La observación de Hayek sobre la sociedad histórica era que la clave para el éxito consistía en permitir y alentar teorías competitivas. Su postura era: «Dejemos que las teorías que se enfrenten en el debate y las más correctas sobrevivirán». Esta única y brillante perspectiva condujo a una descripción completamente nueva sobre cómo y por qué el liberalismo funcionaba en Europa y América. Estaba de acuerdo con Adam Smith en la mayoría de los aspectos más importantes, pero aportó un gran número de contribuciones adicionales sobre gobernanza, legislación y economía.

En sus escritos sobre el dinero, Hayek estaba tan adelantado a sus contemporáneos que nadie lo entendía. Solo recientemente economistas como Roger Garrison de la Universidad Auburn han comenzado a reescribir la teoría del capital teniendo en cuenta los puntos de vista de Hayek.

Hayek señaló que los proveedores de crédito compiten entre sí y de esta forma descubren políticas de crédito sostenibles. Sin embargo, Hayek insistió en que hay un incentivo para la sobreoferta de crédito y sugirió que la solución era permitir monedas competitivas. Todos hemos presenciado la reciente actividad global de divisas, lo cual solo refuerza esta teoría, según la cual los mercados de capital penalizarán a las divisas que tienen regímenes «capitalistas de amigotes» para el crédito.

Sin embargo, en la práctica disponer de varias monedas a la vez en una economía sería muy poco práctico, ya que tendríamos que tener los precios en varias monedas diferentes. El resultado es un conflicto entre el papel del dinero como almacén de valor y como unidad de contabilidad.

El problema que resalta Hayek ha sido fuente de discordia durante los últimos 250 años. Adam Smith creía que se debía dejar en paz a los bancos y ellos resolverían el problema. David Hume, aunque estaba de acuerdo con muchas otras teorías de Smith, discrepaba en este punto. Su recomendación era la regulación bancaria usando un banco central.

Los mercados de capitales actuales nos han mostrado una posible alternativa que no requiere varias unidades de contabilidad. Ahora profundizaremos en ello y analizaremos cómo se aproxima a la competencia monetaria de Hayek.

Debemos señalar aquí que Hayek nos está haciendo ver el crédito como conocimiento. Dicho en términos prácticos: podemos analizar los datos de desempeño de diversas muestras y usar la minería de datos para encontrar tipos de empresas que tendrán éxito. Técnicamente, esta conversión de datos a conocimiento es un proceso llamado «inducción», esto es, el desarrollo de un principio general a partir de los datos disponibles.

Debemos tener en cuenta que, aunque la evidencia mitiga la falibilidad, no la elimina por completo. Un día puedes pensar a partir de los datos que los bonos con interés variable inverso están libres de riesgo, y al día siguiente puedes descubrir que se hunden porque sucede algo inesperado (una inversión de la curva de rentabilidad, tal vez) y llena una parte de la incompletitud de tu argumento anterior.

Lo mejor que podemos hacer, sintetizando a Hayek y a Popper, es asegurarnos de que cualquier decisión de seguir una teoría concreta analice tres aspectos:

El primero sería examinar las circunstancias de una forma deductiva, por ejemplo, que los bonos con interés variable inverso se comportarán de una cierta manera siempre y cuando todos los actores implicados tengan expectativas racionales.

Después es necesario tener en cuenta la evidencia: debería haber otras personas que ya lo han hecho antes. Por supuesto, aquellos que sean innovadores a la hora de asumir riesgos necesariamente deben ignorar esta salvedad.

Finalmente, la posible decisión o línea de acción debería ser capaz de sobrevivir al argumento, al debate y a la crítica de varias personas con múltiples puntos de vista.

Titulización: Perfección del crédito

Antes de abordar específicamente el crédito titulizado en este contexto, necesitamos repensar nuestro concepto del crédito.

En lugar de ver el crédito como respaldado por pasivos en depósito en un banco, debemos empezar a pensar en el colateral (o modelo de negocio) que subyace en cada préstamo. Entonces, para cada tipo de activo y cada sector, podemos recopilar datos específicos de dicho sector, y estos datos serán los que guíen nuestras decisiones.

Una vez tengamos este conjunto de datos, podemos gestionar el riesgo haciendo una nueva agrupación (o *pool*) de préstamos respaldados por activos y crear bonos fungibles, esto es, bonos que no están asociados a préstamos concretos del *pool*, sino a una fracción de toda la agrupación de préstamos.

En esta estructura, la deducción a través del tipo de activo y del modelo de negocio, junto como la inducción mediante los datos, reducen la falibilidad. El riesgo restante se reduce aún más mediante el proceso de formar una agrupación (*pooling*). Ahora podemos hacer una estimación del grado de pérdidas en la agrupación sin necesidad de saber qué préstamo exacto va a acabar en impago, y cubrir las pérdidas esperadas usando los tipos de interés adecuados.

La titulización comenzó como una estrategia de gestión del balance financiero. Los bancos tenían préstamos y querían eliminarlos del balance para liberar capital con el que financiar nuevos préstamos.

Hoy las operaciones de titulización se dirigen hacia la dirección contraria.

Los banqueros analizan la demanda de diferentes tipos de activos en el mercado de títulos y después toman la decisión crediticia.

Esto trae a la ecuación el debate competitivo y la crítica de miles de actores del mercado. Los precios de los bonos respaldados por activos representan un consenso «intertemporal» sobre el riesgo relativo de prestar en ese sector.

El gerente de préstamos individual tiene acceso al conocimiento de esos miles de actores con solo mirar el precio.

El proceso de introducir la ingeniería y la ciencia en la banca se realiza aumentando la complejidad en la cuantificación del crédito. Frente a la inevitable falibilidad del conocimiento, hay una máxima que ha funcionado bastante coherentemente durante mucho tiempo: la ley de los números grandes. Cuando tenemos numerosos préstamos en una agrupación, somos bastante precisos a la hora de poder modelar la velocidad de prepago, las tasas de impago, etc. Pero para lograr esto necesitamos un *pool* o agrupación, ya que un solo punto de datos no puede modelarse estadísticamente.

El mercado también ha tendido a agregar tipos similares de activos en una agrupación para luego dividirla según el tipo de riesgo financiero abstracto: prepagos, impagos, volatilidad del tipo de interés, riesgo de la divisa, riesgo del país, etc. Una parte esencial de dichos modelos es someter las suposiciones subyacentes a tests de estrés.

El mercado ya está empezando a desarrollar un vocabulario que capta el aspecto de la gestión del riesgo y la gestión del conocimiento de la titulización. «Finanzas estructuradas» es un término que se usa de forma colectiva para estas técnicas, conforme al cual no es necesario crear y vender valores, sino que podemos limitarnos a mantenerlos en el balance financiero.

Esencialmente, las «finanzas estructuradas» constituyen la aplicación de la disciplina y las técnicas de la ingeniería al arte financiero. Se fundamentan en el uso masivo de datos y en la creación de modelos (en lugar de en la discreción falible de los ejecutivos de préstamos de los bancos). Implica someter los modelos al test de la realidad. Y ha dado como resultado el diseño y personalización del riesgo, de forma que la oferta de riesgo (los préstamos que hay en el mercado) coincidan con la demanda de riesgo (el apetito del inversor por el riesgo y el retorno de la inversión). Esta transformación del riesgo es la esencia de un contrato financiero estructurado.

Si retrocedemos un poco y echamos un vistazo a las tendencias macro, parece que en el momento actual está teniendo lugar un cambio irreversible.

El viejo modelo de banca de los tiempos de Adam Smith y David Hume consistía en un proceso de dos pasos. Los ahorradores depositaban dinero en el banco (que formaban el pasivo del banco en su balance financiero), y entonces el banco hacía préstamos a las empresas. El nuevo modelo los ha plegado en un solo paso: los bancos hacen préstamos que se titulizan en agrupaciones, y los tramos de esas agrupaciones se venden a los impositores.

Por supuesto que el impositor puede usar intermediarios como fondos de pensiones, fondos especulativos y fondos mutualistas.

Llevado al extremo, el efectivo (esto es, los depósitos a la vista) se vuelven obsoletos. Todo el dinero se encuentra en valores elegidos por el tenedor. Estos valores habrían hecho públicos en su totalidad los datos de rendimiento de los activos subyacentes, de forma que el impositor conoce exactamente su exposición al riesgo.

Los pequeños inversores no necesitan tener miedo de esto, porque es bastante fácil para un banco crear un valor seguro, siempre y cuando el comprador esté dispuesto a aceptar un retorno de la inversión inferior al retorno medio del capital en esa economía. Los inversores más grandes gestionarían carteras de riesgo. El problema de los colapsos bancarios sistémicos de David Hume se volvería imposible.

Si alcanzamos la protección del impositor, ¿podemos esperar que las teorías de los economistas austriacos de una banca libre emerjan ahora?

En mi opinión, la respuesta es «sí». A medida que aumenta la automatización y el uso de Internet, podríamos mudarnos a un sistema en el que cada persona gestiona su propia cartera de riesgo.

Con una banca libre, se cumpliría el deseo de una banca ilimitada de Adam Smith, pero solo de forma que se adapte a la objeción de David Hume. En este régimen, los límites de la banca libre serían que la banca puede prestar tanto como quiera, pero solo si hay un mercado que compre dichos préstamos. Esto mantendría un control espontáneo sobre la calidad del dinero, tal y como concibió Hayek en su régimen de moneda competitiva, pero sin necesitar realmente dicho régimen.

¿Cuáles son las implicaciones para los actores actuales en el sector de las titulizaciones? Expongo a continuación mis impresiones.

Debemos estar preparados para un ingente crecimiento. Por supuesto, el sector está creciendo a un ritmo de 200.000 millones de dólares al año, y parece un ritmo bastante bueno. Pero aún estamos en la parte baja de la curva de crecimiento en forma de S. Deberíamos esperar que en los próximos 10 a 20 años, completaremos la transición a prácticamente el 100 por 100 de titulización para todas las formas de crédito, si incluimos los contratos de CBO/CLO y otras innovaciones futuras que aún no conocemos.

El mayor impedimento para una visión así del futuro son los costes de las transacciones. Hoy en día no es viable firmar un pequeño contrato, aunque los beneficios de la gestión del riesgo se acumularían tanto si el contrato es pequeño como si es grande. En Tranquilmoney hemos estado trabajando en la automatización completa usando tecnologías basadas en Net y hemos gestionado con éxito transacciones tan reducidas como una transacción de farmacia pendiente de 30 USD que se resuelve en 30 días. Adicionalmente, necesitamos tecnologías para integrar los informes de cartera con la administración de préstamos, de forma que se garantice la exactitud de los datos.

En las instituciones que ya están implicadas en este campo, necesitamos prepararnos para el crecimiento, tanto en volumen como en complejidad. Esto significaría realizar inversiones en investigación y análisis, en educar al impositor, incluyendo aquí a los pequeños impositores del futuro, cuando se relajen las regulaciones. Debemos acostumbrarnos al hecho de que la titulización ha venido para quedarse, y aquellos que ignoran esta marea de cambio lo hacen a expensas de su propio riesgo.

BIBLIOGRAFÍA

Barry Smith. *Aristóteles, Menger y Mises: Ensayo sobre la metafísica de la economía.* http://wings.buffalo.edu/philosophy/faculty/smith/articles/menger.html.

Karl Popper. *Conjeturas y refutaciones*

Eric Lott sobre Sri Ramanuja. http://www.rediff.com/news/1999/nov/01inter.htm.

David Glasner. *Banca libre y reforma monetaria*

Jacques Barzun. *Del amanecer a la decadencia*

F. A. Hayek. *El buen dinero.* Volúmenes 1 y 2

Ludwig von Mises. *La acción humana*

Barry Smith. *En defensa del apriorismo extremo (falibilístico)* http://wings.buffalo.edu/philosophy/faculty/smith/articles/ROTH- BARD.htm.

J. K. Galbraith. *La sociedad opulenta*

J. K. Galbraith. *La anatomía del poder*

F. A. Hayek. *Los fundamentos de la libertad*

F. A. Hayek. *La arrogancia fatal*

La lista Hayek-L administrada por Greg Ransom en
http://www.hayekcenter.org
Con archivos disponibles en http://maelstrom.stjohns.edu/archives/hayek-l.
html.

F. A. Hayek. *Camino de servidumbre*

F. A. Hayek. *El orden sensorial*

J. R. Lucas. *Las implicaciones del teorema de Gödel* http://users.ox.ac.
uk/~jrlucas/implic.html.

F. A. Hayek. *Derecho, legislación y libertad*

Rafe Champion. Reseñas, trabajos y artículos sobre Popper. http://zap.to/
rafechampion.

Tranquilmoney — Plataforma de software en línea para la gestión e
ingeniería financiera de contratos de titulización. Cofundado por Karun
Philip.
http://www.tranquilmoney.com.

www.ingramcontent.com/pod-product-compliance
Lightning Source LLC
Chambersburg PA
CBHW051457250726
48655CB00001B/459